Dieses Buch gehört:

Westfälische Küchen-Schätze

gesammelt von
Gisela Allkemper

verlegt von

Wolfgang Hölker

ISBN: 3-88117-419-2
© 1986 Verlag Wolfgang Hölker GmbH, Münster
Alle Rechte vorbehalten, auch auszugsweise.
Graphische Gestaltung: Rainer Eichler
Printed in Germany by Druckhaus Cramer, Greven
Buchbinderische Verarbeitung: Klemme, Bielefeld
Musterschutz angemeldet beim Amtsgericht Münster

Inhalt

Suppen und Suppeneintöpfe	8–29
Fleischgerichte und Hausschlachtung	30–51
Wild und Geflügel	52–61
Heringsgerichte und Muscheln	62–67
Gemüse und Gemüseeintöpfe	68–83
Salate	84–87
Pfannengerichte	88–105
Desserts	106–115
Traditionelle Hochzeitsessen	116–127

Vorwort

Dieses Büchlein will ein kleiner Beitrag zur Volkskunde Westfalens sein mit Schwerpunkt auf die Eß- und Trinkgewohnheiten seiner Bewohner. Obwohl Westfalen oft als ein Bauernland angesehen wird, ist es doch ebenso das Land vieler Industrien und des Handwerks. Und manche Leineweber- oder Tagelöhnerfrau mußte recht erfinderisch wirtschaften, um alle Hausbewohner satt zu bekommen. Allgemein jedoch gilt: Man lebte bescheiden von den Erzeugnissen aus Feld,

Garten und Hof, und nur an besonderen Tagen gönnte man sich die Zeit, um ausgiebig zu tafeln. Natürlich entwickelten sich auch hier wie andernorts besondere Eßgewohnheiten, Gerichte und Getränke, bedingt durch den Tagesablauf und den „Status" als Selbstversorger. Auch hier bestimmte die schwere Arbeit den Alltag, der Sonntag aber war der Kontaktpflege zu Verwandten und Nachbarn vorbehalten. Das schuf ein Zusammengehörigkeitsgefühl und förderte eine Hilfsbereitschaft untereinander, die man heute vielfach vergeblich sucht: schlicht, aber herzlich und mitsorgend.

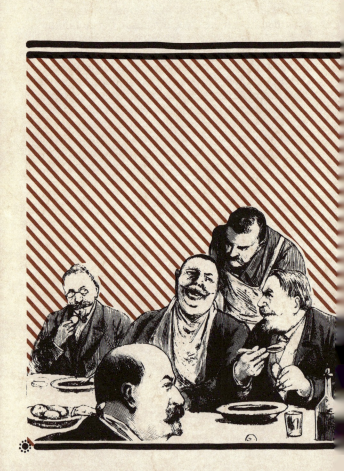

Suppen und Suppeneintöpfe

Obwohl die gute Brühe zu Beginn einer Mahlzeit
auch früher schon sehr beliebt war, blieb diese
doch den Sonn- und Feiertagen vorbehalten.
Denn die Arbeit um Haus, Hof und Feld ließ ein
zeitaufwendiges Kochen an den Werktagen nicht
zu. Morgens zum 1. Frühstück gab es warme,
kräftige Soppen, Grützen oder Milchsuppen;
zum 2. Frühstück belegte Brote, Knabbeln oder
Wurstebrot.

Mittags aß man einen Suppen- oder Gemüseeintopf, der, hinten auf die Kochmaschine gestellt,
den ganzen Vormittag leicht vor sich hinkochte.
Ein Aufpassen erübrigte sich und brachte Zeitgewinn für andere Arbeiten. Diese Eintöpfe wurden
so reichlich gekocht, daß sie abends auch noch
langten. Man wischte seinen Teller anschließend
mit Brot aus oder kratzte ihn mit dem Löffel
sorgfältig sauber und servierte als „krönenden"
Abschluß darin eine Milchsupe.

Beilagen zu den Eintöpfen waren Pfannkuchen,
Hering oder mitgekochter Speck. Der Organismus
setzte diese fett- und gehaltvolle Kost in Energie
für die körperlich schweren Tätigkeiten um. Sie ist
unter den heutigen Lebensbedingungen höchstens
noch nostalgisch hin und wieder nachzukochen.
Von vitaminschonendem und „schlankem" Kochen
war damals nicht die Rede, und die Vorräte hätten
auch wohl kaum ausgereicht, um die vielen Tischgenossen preiswert zu sättigen.

a) Suppen

Soppen

Neben den Milchsuppen waren, vor allem im Münsterland, die Soppen bevorzugte Frühmorgenspeise. Sie haben nachweislich eine jahrhundertealte Tradition, werden aber heute nur noch vereinzelt zubereitet.
Man servierte sie in kleinen irdenen Kumpen, die man beim Kiepenkerl gegen Geld oder Naturalien erstand. Der Kiepenkerl war ein Landgänger, der seine Ware in einem aus Weide geflochtenen Rückenkorb mit sich trug und verkaufte oder tauschte. Beim Töpfer z. B. erstand er gegen bäuerliche Naturalien die Knabbel- oder Soppenkümpkes, die er dann wiederum beim Bauern eintauschte gegen Eier, Schinken, Würste und Brot.

Stutensoppen
In Ladbergen aß man gern, und besonders am Weihnachtsmittag, die Stutensoppen anstelle einer Rindfleischbrühe zu Beginn eines festlichen Mahles.

Süßer Stuten, ein Festtagsgebäck im Münsterland, wird in ein Schälchen (Knabbelkümpchen) gebröckelt, mit Zimt und Zucker überstreut und mit nur so viel heißer Milch übergossen, daß der Stuten zu einem Brei ausquellen kann. Heiß essen!

Fettsoppen

In Borgholzhausen waren sie häufig der Auftakt zu einem geruhsamen Sonntag: vor dem Kirchgang gab es Fettsoppen.

Altes Weißbrot oder Knabbeln (= Stücke vom Stuten, im Ofen gelblich geröstet) mit heißem Wasser übergießen. Wenn die Masse gut durchgeweicht ist, das Wasser abgießen. Butter und Schmalz in einem Topf auslassen, den Brei darin aufkochen und salzen. Den Topf stellte man ursprünglich in die Mitte des Tisches, und jeder löffelte daraus, so lange er mochte. Den Holzlöffel, jeder hatte seinen eigenen, gekennzeichneten, leckte man danach sorgfältig ab und legte ihn bis zur Abendsuppe in die Schublade oder man hängte ihn ans Tellerbord. Erst nach der Abendmahlzeit wurde er gespült.

Sauersoppen

Sie werden wie Fettsoppen zubereitet. Zum Schluß gibt man einen Schuß Essig und Sahne hinein.

Wurstsoppen

Sie waren ein besonders kräftiges Morgengericht, das allen Schwerarbeitern „in den Rippen stand".

Altes Wurstebrot wird in Würfel geschnitten und über Nacht in kaltem Wasser eingeweicht.
Am folgenden Morgen kocht man das Wurstebrot mit einem Schuß Essig, etwas Salz und reichlich Apfelstücken 30 Minuten lang. In der Pfanne

Speckwürfel (oder Griebenschmalz) auslassen und gesondert dazu reichen. Die Grieben müssen schön kroß sein. Nach Geschmack reichert sich jeder seine Wurstsoppen mit Speck an.
Ganz starke Esser bekamen noch ein Schinkenbutterbrot und Milchkaffee dazu.

Taubensuppe

Zu Großmutters Zeiten galt „Taubensuppe" als besonders bekömmlich für Kranke und Rekonvaleszenten.
Da im Ruhrgebiet viele Brieftauben zu Preisflügen gehalten werden, ist die Verwertung alter Tiere zur Suppe sehr beliebt. Tauben, die nicht reinrassig und zur Zucht nicht geeignet sind und nur als „unnütze Fresser" gelten, werden jung geschlachtet (nach 6 Monaten wird das Fleisch zäh) und gebraten.
Taubensuppe kocht man wie Rindfleischsuppe mit Sellerieblättern, Porree, Zwiebel und Möhre etwa 90 Minuten lang. Das gekochte Fleisch findet als Suppeneinlage Verwertung.

Pumpernickelsuppe

2 Scheiben Weißbrot, 6 dicke Scheiben Schwarzbrot (Pumpernickel), 1 Zimtstange, 1 l Wasser, ½ l Weißwein, 50 g Rosinen, 2 Eigelb, 1 Eßlöffel Zucker

Das Brot mit der Zimtstange und dem Wasser zum Kochen bringen. 60 Minuten kochen. Danach die Suppe durch ein Sieb streichen, Wein und Rosinen zugeben und noch einmal 10 Minuten kochen.
Das Eigelb verschlagen und mit dem Zucker in die Suppe rühren. Da das Eigelb schnell stockt, darf die Suppe von nun an nicht mehr kochen.
Sehr heiß zu Tisch geben.

Diese Suppe wurde im Tecklenburger Raum häufig zum Abendbrot gereicht. Das alte Brot ließ sich auf diese Weise verwenden. Danach aß man Brotschnitten oder das aufgewärmte restliche Gemüse vom Mittag.

Milchsuppe

Milch- oder Buttermilchsuppen waren noch um die Jahrhundertwende in ganz Westfalen die Frühspeise schlechthin. Bevor die Bauern mit ihrer Arbeit begannen, aßen sie, um 4 oder 5 Uhr in der Frühe, diese Buttermilch- oder Milchsuppen. Sie löffelten sie mit einem Holzlöffel aus Schälchen, die man beim „Kiepenkerl" oder beim Töpfer gekauft oder gegen Lebensmittel getauscht hatte (s. auch S. 11).

1 l Buttermilch oder Vollmilch, 40 g Mehl, 250 g getrocknete Birnen oder Pflaumen, 1 Prise Salz

Die getrockneten Früchte gut einweichen und quellen lassen. Die Milch erhitzen, das angerührte Mehl hineinrühren und aufkochen lassen.
Die Früchte zugeben und gut mit durchkochen.
Mit Salz abschmecken. Da Zucker teuer war, wurde diese Suppe nur mit Obst oder eventuell noch mit Honig gesüßt.
Häufig wurde sie mit Buchweizenmehl oder mit Grütze angedickt. Auch ließ man wohl das Obst fehlen und brockte statt dessen trockenen Pumpernickel in das Schälchen.

Dicke-Milch-Suppe
(Plundermilch-Suppe)

3 l Plundermilch (Dickmilch), einige Scheiben Schwarzbrot (Pumpernickel), 1 Stange Zimt, 2–3 Eßlöffel Zucker, ⅛ l Sahne, 2 Eigelb

Die dicke Milch mit dem Zimt und Schwarzbrot etwa 60 Minuten kochen. Gut schlagen, da die Milch schnell gerinnt. Die Zimtstange entfernen. Die Sahne mit dem Zucker und Eigelb verschlagen und unter Rühren in die heiße Suppe geben. Sofort servieren.
Diese Suppe gab es häufig sommertagsabends, wenn man feststellen mußte, daß die Milch von der Wärme durchgesäuert und eingedickt war. Plundermilch wurde aber auch ebenso häufig als Kaltschale zubereitet.

Milchkaltschale

1 l Milch, Plundermilch oder Buttermilch, 40 g Zucker, 4 Zwiebäcke oder 4 Scheiben Pumpernickel, ½ Teelöffel Zimt, eventuell Erdbeeren, Himbeeren, Pfirsiche oder Johannisbeeren

Die Zwiebäcke werden in kleine Brocken zerstoßen (Pumpernickel wird zerkrümelt) und mit Zucker und Zimt vermischt in den Teller gegeben.

Darüber gießt man eiskalte Milch, Plundermilch oder Buttermilch. Sofort essen!
Variante: Frische, geputzte und gereinigte Früchte zusätzlich in den Teller geben. Diese Kaltschale ist eine beliebte Erfrischungsspeise, und jede Hausfrau hat ihr eigenes Rezept, um der Familie an heißen Tagen damit eine abwechslungsreiche, erfrischende Kost zu bieten.

Apfelsuppe

Im Sommer, zur Zeit der Apfelschwemme, oder im Winter, wenn die Äpfel schrumpeln und faulen, ist diese Suppe eine willkommene Erfrischung.

750 g Äpfel, 1 l Wasser, 1 Eßlöffel Mehl, 1 Teelöffel Butter, Zucker und Zimt, geröstete Brotbröckchen

Die Äpfel schälen, entkernen und klein schneiden.
In dem Wasser weich kochen. Danach durchstampfen und leicht mit Mehl binden. Ein nußgroßes Stück Butter darin zerlaufen lassen. Mit der Mischung von Zimt und Zucker sowie Brotwürfeln servieren.

Biersuppe

Biersuppe oder Weinsuppe, je nachdem, ob Bier oder Wein vom Vortag übriggeblieben war, wurde am Karfreitag zu Struwen gereicht. Wer beides nicht mochte, mußte sich mit Milchkaffee begnügen.
Biersuppe, in manchen Gegenden „Beerwarmbeer" genannt, gab es aber auch noch zu anderen Gelegenheiten, z. B. als Auftakt zu einem Richtfestessen. Danach folgten Sauerkraut mit Speck, anschließend „Dicker Reis", mit Zimt-Zucker bestreut.

½ l Milch, 1 Prise Salz, 40 g Speisestärke, ½ Vanillestange (heute: 1 Päckchen Vanillezucker), 60 g Zucker oder Sirup, ½ l Bier, 2 Eier

Die Milch wird mit dem Salz, der Vanillestange und dem Zucker zum Kochen gebracht.
Die Speisestärke, mit etwas kalter Milch verrührt, in die heiße Milch geben. Die Vanillestange herausnehmen. Danach fügt man das Bier hinzu und läßt die Suppe einmal aufkochen. Die nicht mehr

kochende Suppe wird mit dem Eigelb abgezogen. Das Eiweiß wird steif geschlagen und teelöffelweise auf die heiße Suppe gesetzt. Man verschließt den Topf mit einem Deckel und läßt die Klöße 5 Minuten auf der Suppe ziehen, damit sie fest werden. Sie dürfen nicht kochen.
Tip: Hin und wieder werden auch wohl Rosinen mitgekocht.

Weinsuppe

½ Zimtstange, ½ l Weißwein, ½ l Wasser, 40 g Speisestärke, in etwas Wein verrührt, Zucker nach Geschmack, 2 Eiweiß, einige Zwiebäcke

Die Zimtstange in Stücke brechen und in Wasser einige Minuten vorkochen, dann abseihen.
Den Wein zum Wasser geben und aufkochen.
Die angerichtete Stärke und den Zucker zugeben und 5 Minuten bei niedriger Hitzezufuhr kochen.
Das Eiweiß wie bei der Biersuppe als Klößchen obenauf ziehen lassen, aber nicht kochen.
Man brockt Zwiebackstücke in den Suppenteller und füllt mit der Suppe auf.
Variante: An Festtagen kochte man diese Suppe mit in Wein vorgeweichten Backpflaumen, an arbeitsintensiven Tagen wohl auch mit Hafergrütze, oder man ließ entsprechend viel Sago darin ausquellen.

b) Suppeneintöpfe

Hülsenfruchtsuppen

Bohnen- und Erbsensuppe wurden immer gleich in großen Töpfen gekocht. An arbeitsreichen Tagen waren sie unter wenig Zeitaufwand schnell zubereitet, und häufig diente die Menge, die für 2 Tage reichen sollte, nur für eine Mahlzeit, weil es allen so gut schmeckte.
Die Zubereitung bot in den einzelnen Regionen durchaus Varianten an. So säuerte man die Bohnensuppe häufig mit Essig und reichte dazu einen eingelegten Hering oder einen Speckpfannkuchen. Im Ruhrgebiet rührte man unter die Erbsensuppe etwas rohes Sauerkraut. Dazu aß man im Sauerland außerdem noch Reibeplätzchen. Heute sind diese Suppen häufig Samstagsgerichte. Sie wärmen und sättigen, z. B. in der Mittagspause bei einer Treibjagd, sie sind außerdem das traditionelle Essen an Schrebergartenfesten im Ruhrgebiet und auf Schützenfesten.

Weiße Bohnensuppe

250 g weiße Bohnen, 2 l Wasser, 2 Bund Suppengrün, Salz, Pfeffer, 500 g Eisbein, 2 Räucherendchen, 500 g Kartoffeln, 2 Zwiebeln, etwas Bohnenkraut

Die Bohnen über Nacht in reichlich Wasser einweichen und am anderen Morgen mit diesem Einweichwasser zum Kochen bringen. Suppengrün, Eisbein und Mettenden werden nach 60 Minuten Kochzeit zugefügt. Alles nochmals 60 Minuten kochen lassen. Während der letzten 30 Minuten die kleingeschnittenen rohen Kartoffeln mitkochen. Die Zwiebeln in Ringe schneiden und in Fett leicht dünsten. Das Fleisch herausnehmen, klein schneiden und wieder in die Suppe geben. Zum Schluß die Zwiebelringe in die Suppe rühren, mit Salz und Pfeffer abschmecken.

Erbsensuppe

250 g grüne getrocknete Erbsen (1 Nacht lang eingeweicht), 1 Dickbein, Schwänzchen, Öhrchen, Schnauze vom Schwein, 2 l Wasser, 1 Bund Suppengrün, 2 Stangen Porree, 1 dicke Zwiebel, 500 g Kartoffeln, 100 g Speckwürfel, Salz, Pfeffer

Die Erbsen werden mit dem Fleisch und dem Wasser 60 Minuten lang vorgekocht. Danach gibt man das geputzte und kleingeschnittene Suppengrün, den Porree und die Zwiebel dazu. Die Kartoffeln werden geschält, gewürfelt und ebenfalls in die Suppe gegeben. Mit Salz und Pfeffer abgeschmeckt, kocht man sie nochmals 60 Minuten lang, so daß die Kartoffeln zerfallen und die Suppe sämig wird. Das Fleisch vom Knochen lösen, klein schneiden und in die Suppe zurückgeben. Die Speckwürfel werden in der Pfanne ausgebraten und über die Suppe verteilt.

Erbsensuppe mit Schwemmklößchen

In der Warburger Börde liebt man die Erbsensuppe aus frisch gedöppten Erbsen. Sie schmeckt aromatischer und ist sicherlich nährstoffreicher.

1 kg frisch gedöppte Erbsen, 1–2 Stangen Porree, 2 l Brühe oder Salzwasser, 1 Stich Butter
Klöße: 1 Tasse Milch, 1 Prise Salz, 30 g Butter, 1 Tasse Mehl, 2–3 Eier

Den Porree in feine Ringe schneiden. Die Erbsen und den Porree in der Brühe bzw. dem Salzwasser garen, mit der Butter verfeinern.
In der Zwischenzeit werden die Klöße wie folgt bereitet. Die Milch mit dem Salz und der Butter aufkochen. Die gesamte Mehlmenge in die Milch schütten und gut verschlagen, damit sich keine Klumpen bilden. Am Topfboden abbrennen.
Den Kloß etwas abkühlen lassen, dann nach und nach die Eier einrühren. Mit einem nassen Löffel kleine Klöße abstechen, diese in die heiße Suppe gleiten und 10 Minuten darin ziehen lassen.
In Körbecke bei Warburg ißt man diese Suppe mindestens zweimal wöchentlich zur Sommerzeit.

Möhrensuppe

1 kg Möhren oder Winterwurzeln, 1 Eßlöffel Schmalz, 2 l Wasser, Salz, Pfeffer, 500 g Kartoffeln, 50 g Speckwürfel, 1 Zwiebel, 4 Räuchermettwürstchen

Die Möhren putzen, waschen und würfeln.
Etwa 250 g davon beiseite stellen. Die Kartoffeln waschen, schälen und würfeln. Beides in Schmalz kurz schmoren, würzen und mit Wasser ablöschen. Gar kochen und pürieren. Die Zwiebel würfeln, die Mettendchen in dicke Scheiben schneiden. Zwiebeln, Fleisch und die restlichen Möhren mit dem Speck anbraten, zur Suppe geben und noch 5 Minuten darin kochen lassen.

Zwiebelsuppe

Diese Suppe ist in den Gegenden, die zum Rheinland tendieren, ein beliebtes Aschermittwochsgericht.

500 g Zwiebeln, 1 kg Kartoffeln, 2 l leichte Brühe, Salz, Pfeffer, 1–2 Eßlöffel Essig, etwas Zucker, 4 Mettendchen oder 250 g Bratwurst, 60 g durchwachsener Speck, 60 g Butter

Die Zwiebeln und die Kartoffeln werden klein geschnitten und in der Brühe weich gekocht. Man zerstampft sie und würzt die Suppe mit Salz, Pfeffer, Essig und Zucker. Wenn man Mettendchen bevorzugt, so kocht man diese in der Suppe mit und schneidet sie danach in Stücke. Speckwürfel werden in der Butter ausgelassen und in die Suppe eingerührt. Bevorzugt man aber Bratwurst, so brät man diese in der Butter mit den Speckwürfeln zusammen an, schneidet sie in Stücke und mengt dann Fleisch, Speck und Fett in die Zwiebelsuppe.

Kartoffelsuppe

1 kg Kartoffeln, 2 Stangen Porree, 1 Zwiebel, ¼ Sellerieknolle, Pfeffer, Salz, 2 l Brühe
Einlage: 1 Zwiebel, 40 g Speckwürfel, 1 Eßlöffel Mehl, 4 Kochwürstchen

Die Kartoffeln schälen und würfeln. Das Gemüse waschen, putzen und würfeln. Mit Salz und

Pfeffer in der Brühe weich kochen. Die Hälfte der Kartoffeln aus der Brühe nehmen, die übrigen in der Suppe zerstampfen. Die Zwiebel für die Einlage würfeln. Mit dem Speck gut ausbraten, mit Mehl bestäuben und in die Suppe rühren. Die beiseitegestellten Kartoffeln wieder hineingeben und die Kochwürstchen darin erhitzen.

Dicke-Bohnen-Suppe

250 g geräucherter Bauchspeck, 1 Eßlöffel Schmalz, 1 Zwiebel, 1½ l Salzwasser, 500 g dicke Bohnen (grüne Bohnenkerne, gedöppt aus den „Pferdebohnenschoten"), 500 g Kartoffeln, 1 Zweig frisches Bohnenkraut oder ½ Teelöffel getrocknetes, zerriebenes Bohnenkraut, 20 g Mehl, ⅛ l Sahne oder Milch, Salz, Pfeffer

Den Speck mit der in Würfel geschnittenen
Zwiebel in Schmalz anbraten. Mit dem Wasser
ablöschen und 30 Minuten vorkochen. Danach
die Bohnen und die geschälten, gewürfelten Kartoffeln zugeben. Bohnenkraut obenauf legen (den
frischen Zweig entfernt man vor dem Servieren,
das getrocknete Kraut bleibt in der Suppe).
15 Minuten garen. Danach das in Sahne oder
Milch angerührte Mehl einrühren, aufkochen
lassen und würzen. Den Speck in große Würfel
oder Scheiben schneiden und in der Suppe oder
gesondert servieren.

Grünkohlsuppe

*1 Packung Tiefkühlgrünkohl oder 250 g Grünkohl
(topffertig), 20 g Schmalz, 40 g geräucherter Bauchspeck, 2 geräucherte Mettendchen, 2 Zwiebeln, Salz,
Pfeffer, 1 Prise Muskat, 1 Messerspitze getrockneter
Oregano, Zucker, 1 l Brühe, ⅛ l Sahne, 1 Eigelb,
100 g luftgetrockneter Schinken*

Den Grünkohl einige Male waschen, dann mit
heißem Wasser übergießen, aufkochen und das
Wasser abschütten (bei tiefgekühltem Grünkohl
entfällt diese Arbeit). Den Speck in Würfel
schneiden, ebenso die Zwiebeln. Beides in
Schmalz hell anbraten, den Grünkohl dazugeben
und einmal durchheben. Die Würste obenauf
legen. Mit der Brühe ablöschen, würzen und
45 Minuten kochen.

Die Sahne mit dem Eigelb verquirlen. Den
Schinken in Streifen schneiden. Ist der Grünkohl
weich, legiert man die Suppe mit der Eigelbsahne,
erhitzt sie wieder und gibt den Schinken zu.
Die Suppe in tiefe Teller füllen, auf jeden eines der
Würstchen legen. Bequemer ist es, die Würstchen
vor dem Auftragen in Scheiben zu schneiden.
Früher aß man dazu ein mit Schmalz bestrichenes
Weißbrot, heute nur 1 Scheibe Pumpernickel.

Gründonnerstagssuppe

Der Gründonnerstag war wie der Karfreitag ein
Abstinenztag. Man aß gerade so viel und so
gehaltvoll, daß man den größten Hunger stillte.
Am Gründonnerstag bot das frisch sprießende
Grün eine gute Möglichkeit für eine vollständige
Mahlzeit. So pflückte man an den Wegesrändern
Kräuter und junge Blättchen, z. B. Sauerampfer,
Brennesseln oder Giersch, und von den Hecken
zupfte man die frischen Triebe. Sie wurden
gewaschen, fein gehackt und zum Schluß in eine
mit Mehl angedickte Brühe gegeben. Für ganz
„starke Esser" fügte man gekochte Kartoffelwürfel
zu. An Kräutern oder Wildgemüse wurde jedenfalls
so viel in die Suppe gegeben, daß sie kräftig grün
aussah.
Diese Suppe ist nicht nur vitaminreich, sondern
sie entschlackt auch den Körper und bereitet den
Magen auf das österliche Festmenü vor.

Hafergrützsuppe mit Backpflaumen

125 g Backpflaumen, 40 g Schmalz, 1 Zwiebel, 80 g Hafergrütze, 1½ l Wasser, Salz

Die Pflaumen in dem Wasser über Nacht einweichen. Die Zwiebel häuten und würfeln, in Schmalz glasig anbraten. Die Grütze zugeben, durchrösten und so viel Pflaumenwasser angießen, daß das Ganze zu einem Brei ausquillt. Danach alle übrigen Zutaten zugeben und 20 Minuten kochen lassen. Einen Teil des Wassers kann man auch durch Milch oder Buttermilch ersetzen.

Graupensuppe mit Bohnen und Speck

In Löhne sagt man „Schillgass'n und Bäohn'n" und erinnert sich gut daran, daß es dieses Gericht früher sogar sonntags gab.

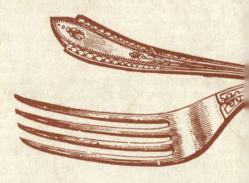

*1 großes Stück durchwachsener Speck, 2½ l Wasser,
250 g Graupen, 1 Stange Porree, Salz,
350–500 g frische grüne Bohnen, etwas Bohnenkraut*

Das Fleisch 30 Minuten vorkochen. Die Graupen
zugeben und weitere 30 Minuten mitkochen.
Danach die geputzte, in Ringe geschnittene Stange
Porree und die abgefädelten, in kleine Stücke
gebrochenen Bohnen zugeben. Mit Salz und
Bohnenkraut würzen und garen, bis alle Zutaten
weich sind.
Wenn diese Suppe lieber dicklich eingekocht sein
soll, dann reduzieren Sie die Wassermenge auf 2 l.

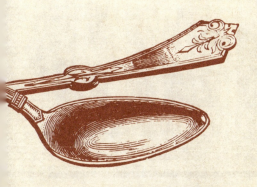

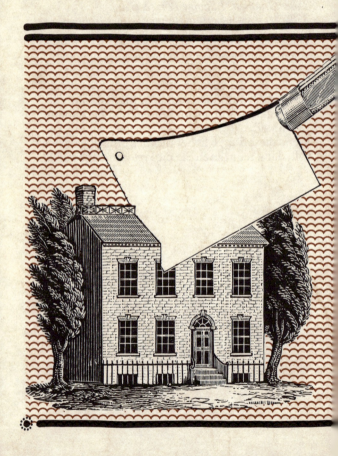

Fleischgerichte und Hausschlachtung

a) Fleischgerichte

Gerichte aus und mit Fleisch gab es nur, soweit man das Vieh dazu selber zog. Ganz selten kaufte man dazu. Damit der Vorrat aus der Hausschlachtung möglichst lange anhielt, konservierte man ihn auf verschiedene Arten: durch Einkochen in Weckgläser, durch Pökeln oder Räuchern.
Frischfleischgerichte vom Schwein oder Rind waren also immer mit einer vorangegangenen Schlachtung verbunden, vornehmlich zur Winterzeit. Im Sommer brachten Tauben, Stallkaninchen oder Lämmer eine gewisse Abwechslung in den Speiseplan.

Falsches Kotelett

4 Scheiben (je 125–150 g) durchwachsener frischer oder leicht angeräucherter Bauchspeck (1 cm dick geschnitten)
Panade: etwas Mehl, 1 Ei, Paniermehl, Fett zum Braten

Den Speck in Mehl, verschlagenem Ei und Paniermehl wenden und in heißem Fett von beiden Seiten braten.
Falsches Kotelett wird häufig zu Salzkartoffeln und gebackenen Bohnen oder zu einem beliebigen Eintopf gegessen.

Töttchen

Töttchen und Wurstbrötchen (s. S. 34) sind im Münsterland sehr beliebt und werden häufig am Montag nach einem Schützenfest oder als Abschlußessen nach einer Hochzeitseinladung gereicht.
Ursprünglich bereitete man Töttchen aus Kalbskopf, Lunge und Herz zu, heute findet man am häufigsten folgende Zusammenstellung:

700 g Kalbsschulter oder Brust (schier) oder 1 Kalbskopf, 1 Zwiebel, 1 Lorbeerblatt, 1 Nelke, 1 Eßlöffel gewürfelte Zwiebeln, 2 Eßlöffel Pflanzenfett, 2 Eßlöffel Mehl, 1 Teelöffel Salz, 1 Eßlöffel Senf, Worcestersauce

Das Fleisch mit Zwiebel, Lorbeerblatt und Nelke in ca. 1½ l Wasser gar kochen (etwa 90 Minuten). Nach dem Garen das Fleisch aus dem Fond nehmen, etwas abkühlen lassen und von Fett und Sehnen befreien. Den Kalbfleischfond durchseihen und zurückstellen. Nun das Fleisch in ca. 1–2 cm große Würfel schneiden.
Aus Pflanzenfett, Mehl und gewürfelter Zwiebel bereitet man eine Mehlschwitze, die mit dem passierten Kalbfleischfond aufgefüllt wird.
Alles kurz aufkochen, das in Würfel geschnittene Fleisch dazugeben und mit Senf, Salz sowie je nach Geschmack mit Worcestersauce abschmecken.

Man serviert es in tiefen Tellern und reicht frische Brötchen und ein kräftiges Bier dazu. Jeder würzt sich sein Töttchen selbst nach, entweder mit Senf oder Worcestersauce.

Wurstbrötchen

Teig: 1 kg Mehl, ½ l Milch (lauwarm), 40 g Hefe, ½ Eßlöffel Salz, 50 g Schmalz
Füllung: 500 g feine Bratwurst oder 500 g gewürztes Hackfleisch

Hefe zerbröckeln und mit etwas lauwarmer Milch (1 Eßlöffel) glatt rühren. Die Hälfte des Mehls in eine tiefe Schüssel geben, in die Mitte eine Vertiefung drücken und die Hefe hineingeben, etwas Mehl überstreuen und zugedeckt warm stellen. In der Zwischenzeit die Milch mit Salz und Fett lauwarm werden lassen. Nach etwa 15 Minuten die lauwarme Flüssigkeit zu dem Mehl in die Schüssel rühren, bis sich alles gut vermischt. Wenn der Teig glatt ist, nach und nach den Rest des Mehls dazugeben und mit dem Kochlöffel oder dem Knethaken so lange schlagen, bis der Teig fest ist. Nun den Teig auf einem Brett mit den Händen sehr gut durchkneten, bis er sich leicht vom Brett löst. Dann ausrollen und in 20 x 15 cm lange Streifen schneiden. Die Bratwurstmasse aus dem Darm drücken. Je eine Platte mit einem entsprechend langen Stück Wurstmasse belegen und

einrollen. Die Nahtstellen mit Eigelb bestreichen und fest andrücken. Auf ein gefettetes Backblech legen, mit Eigelb bepinseln und bei 180 °C in etwa 15–20 Minuten abbacken.
Sie werden warm gegessen. Dazu reicht man Senf und Bier.
Wurstbrötchen sind auch heute noch beliebt als Zwischengerichte oder mit Kartoffelsalat ein gern gereichtes Abendbrot für Gäste.
Tip: Backen Sie die Brötchen ab, frieren Sie sie ein und backen Sie sie bei Gelegenheit kurz wieder auf.
Sollten Sie nicht gern Hefeteig mögen, dann wickeln Sie die Wurstfülle in Blätterteig.

Sauerländer Schlackwurst

Schlackwurst heißt sie nur im Sauerland, im übrigen Westfalen ist sie als Bierschinken oder frische Mettwurst bekannt. In der Schlackwurst sind Herz, Hirn und Nieren des Schweins mitverarbeitet. Man serviert diese Sauerländer Spezialität entweder zu dem berühmten westfälischen Pumpernickel, diesem süßlichen, schwarzen, grob geschroteten Brot, und Bier, oder aber man entfernt die Wurstpelle, schneidet die Schlackwurst in kleine Stücke und brät sie in Schmalz mit viel Zwiebelringen braun. Dazu ißt man Sauerkraut oder Salat mit Salzkartoffeln.

Pfefferpotthast

Der Name bezeichnet die Art dieses Fleischgerichtes. „Hast" weist auf das Fleischstück hin, Pfeffer und Pott (Topf) geben Aufschluß über Geschmack und Zubereitungsart.
Wenn auch zum ersten Mal 1378 urkundlich in Dortmund erwähnt, ist das Gericht mit Sicherheit viel älter. Von seiner Beliebtheit hat es in Westfalen bis heute nichts eingebüßt, schmeckt es doch würzig-scharf und verdient, mit Salzkartoffeln und Gewürzgürkchen gereicht, das sprichwörtliche Lob: „Das schmeckt nach mehr!"
Im Jahre 1378, so berichtet der Chronist, lebte eine gewisse Agnes von der Vierbecke als angesehene Kaufmannsfrau Agnes Sudermann in Dortmund. Graf Dietrich von Dinslaken, der, wie viele Ritter, Dortmund die Fehde angesagt hatte, versuchte durch Mittelsleute und Verrat die schier uneinnehmbar scheinende Stadt Dortmund in die Hand zu bekommen. So fing er also mit der verwitweten Sudermann ein Verhältnis an und weihte sie in ihren Plan ein. Am Sonntag nach Michaelis, damals der 4. Oktober, spannte Agnes Sudermann zwei Wagen an und zog damit zum Wißstraßentor. In dem ersten Wagen hatte sie Holz geladen, in dem zweiten Wagen versteckte sie unter Planen, Heu und Stroh Soldaten des Grafen. Vertraut mit den Stadtwachen, bat sie einen der Wächter, ihr von den Fleischbänken „Hast" für einen Pfeffertopf zu besorgen. Es solle sein

Schaden nicht sein, er bekäme auch eine große
Portion des köstlichen Mahles ab. Der Wächter,
nichtsahnend, tat ihr den Gefallen und ging zum
Fleischmarkt. Indessen stieg die Sudermann auf
den Turm, gab mit einem Tuch den Feinden das
verabredete Zeichen und zog an der Kette, um das
Fallgitter hochzuziehen. Mit lautem Geschrei
stürmten die Soldaten auf das Tor zu. Aber, was
nicht bedacht worden war, das zweite Falltor
bildete eine weitere Barriere, und somit schlug der
Anschlag fehl. Die Angreifer wurden von den
Wachen und der Bürgerwehr erschlagen.
Die Rädelsführer und Hintermänner enthauptete
man am folgenden Tage. Agnes Sudermann band
man auf ihrem Holzwagen fest und verbrannte sie
bei lebendigem Leibe.
Der Sieg der Stadt Dortmund wurde mit einem
üppigen Potthastmahl gefeiert. Und vielfach
werden auch heute noch offizielle Festlichkeiten
der Stadt durch ein Pfefferpotthastessen gekrönt.

*1 kg Rinderkamm, 1 Teelöffel Salz, 500 g Zwiebeln in
Scheiben, 70 g Schmalz, 10 Pfefferkörner, im Mörser
zerstampft, 1 großes Lorbeerblatt, 2 Nelken,
1 Eßlöffel Kapern, 1 l Fleischbrühe, Saft und
geriebene Schale von 1 Zitrone, etwas Bier, Paniermehl, grob gemahlener Pfeffer.*

Das Fett wird in einer großen Kasserolle erhitzt.
Das in große Würfel geschnittene Fleisch wird
unter häufigem Wenden nur kurz angebraten. Man
gibt die Zwiebeln zum Gelbrösten dazu, löscht mit

Brühe ab und würzt den „Pott". Das Fleisch muß 90 Minuten langsam schmoren, bis es weich ist. Man bindet die Sauce mit Paniermehl und schmeckt mit Zitronensaft, Bier und Kapern würzig ab. Eine Prise Zucker macht den Potthast lieblich. Man serviert ihn in einer Ragoutschüssel und streut kräftig grob gemahlenen Pfeffer darüber. Dazu ißt man Salzkartoffeln und Gewürzgurken. Ein Bier als begleitendes Getränk ist nicht zu verachten.

Stallkanin

Früher hielt sich jeder Bergmann des Ruhrgebiets seine Ziege, „Bergmannskuh" genannt, und seine Kaninchen. Auch ein kleiner Garten oder die Taubenzucht sorgten nach der schweren Arbeit „unter Tage" für den nötigen Ausgleich an der frischen Luft. Die Erzeugnisse aus dem Garten und die Kleintierhaltung waren eine Bereicherung für Mutters Küche.
Unten im Pütt tauschten die Kumpels beim „Dubbeln" (das ist die Brotpause; Dubbel = doppelte, d. h. zusammengeklappte Brotschnitten) auf der Gezähekiste so ihre Erfahrungen und Anregungen zu ihren häuslichen Arbeiten aus, was in hohem Maße zum Zusammenhalt der Familien, zu freundschaftlicher Kameradschaft und zu gutnachbarlichen Beziehungen beitrug.
Während man Ziegen heute kaum noch vorfindet, werden Kaninchen aber immer noch gehalten. Wenn sie mit Petersilie und Suppengrün gefüttert worden sind, schmeckt ihr Fleisch besonders gut. Man brät sie und ißt sie mittags warm; Reste davon abends kalt.

100 g Speck, in Streifen geschnitten, 1 küchenfertiges Kaninchen, Salz, Pfeffer, 2 Zwiebeln, ½ l Brühe, 1 Möhre, 1 Stück Sellerie, Mehl zum Andicken der Sauce

Das Kaninchen wird mit Speckstreifen gespickt, gesalzen, gepfeffert und in heißem Fett rundum

kräftig braun angebraten. Kurz die Zwiebeln mitschmoren, mit Brühe ablöschen, und das Fleisch mit der geputzten, gewürfelten Möhre und dem Stück Sellerie schmoren. Nach Beendigung der Bratzeit, etwa nach 60 Minuten, das Kaninchen herausnehmen und portionsweise zerlegen. Die Sauce mit Mehl andicken und noch einmal mit Salz und Pfeffer abschmecken.
Dazu Rotkohl und Salzkartoffeln servieren.

Sauerbraten

Der echte westfälische Sauerbraten wurde ursprünglich aus Pferdefleisch hergestellt, das heute wieder verstärkt auf Wochenmärkten und im Laden angeboten wird. Wer Aversionen hegt, nimmt Rindfleisch.

1 kg Pferdefleisch zum Braten
Marinade: ½ l Wasser, ⅜ l Weinessig, 1 Teelöffel Salz, 3 Zwiebeln, in Ringe geschnitten, 1 gewürfelte Möhre, 1 dicke Stange Porree, 10 Pfefferkörner, 3 Gewürznelken, 1 großes Lorbeerblatt, 4 Wacholderbeeren, 1 Teelöffel Senfkörner (oder heute: 1 Tütchen Sauerbratengewürz)
Zum Braten: Fett, 1 Tomate, 1 Zwiebel, Salz, Pfeffer, etwas Zucker, Mehl zum Andicken der Sauce

Die Marinade wird mit der Gewürzmischung und dem grob zerkleinerten Gemüse aufgekocht.
Ist sie leicht abgekühlt, so wird sie über das Braten-

fleisch gegossen. 3–4 Tage lang ziehen lassen, und das Fleisch häufig wenden.

Vor dem Braten abtrocknen, salzen und pfeffern. Dann in heißem Fett schnell anbraten. Kurz vor dem Ablöschen mit Wasser brät man die in Stücke geschnittene Zwiebel mit. Nach dem Ablöschen schmort man ebenfalls die Tomate und einen Teil der Gewürze aus der Marinade mit, man fügt aber keine Marinade zu. Eine Prise Zucker erhöht das pikante Aroma. Bratzeit: 90–120 Minuten.

Den Bratenfond mit so viel Wasser und eventuell etwas Marinade auffüllen, wie man Sauce braucht. Die Sauce ist so herzhaft, daß man sich auf eine größere Nachfrage einrichten sollte. Man bindet den Bratenfond mit Mehl. Das Fleisch wird in Scheiben geschnitten und in der Sauce warm gehalten.

Tip: Wenn Sie die Gewürze nicht in der Sauce lassen wollen, dann gießen Sie den Bratenfond vor dem Andicken durch ein Sieb.

Westfälische saure Hammelkeule

Überall dort, wo der Boden karg war, wo Heidekraut und Birken die Landschaft charakterisierten, wie z. B. in der Senne, in der Tecklenburger Heide und in einigen Teilen des Sauerlands, hielt man bis vor wenigen Jahrzehnten noch große Schafherden. Sie verbissen nicht nur die Heide, sondern sie sorgten durch ihre Wolle auch für warme Kleidung und durch ihr Fleisch für eine willkommene Ergänzung im alltäglichen Speiseplan. Die Schafherden wurden von einem Schäfer und seinem Hund betreut, und wohl jeder Heidehof hatte seine eigene Herde von 300–400 Tieren. Besondere Tage im Jahresablauf der Schäfer waren die Schertage, die im Mai/Juni stattfanden und harte Arbeit verlangten. Ein gutes und kräftiges Essen, das mittags häufig aus Stutensoppen, Rindfleisch mit Zwiebelsauce und Reispudding, nachmittags aus Korinthenstuten mit Butter und Bohnenkaffee und abends aus Milchgrütze mit Schwarzbrot, Rindfleisch und Kartoffeln bestand, natürlich begleitet von viel Schnaps, waren neben dem Lohn Anerkennung und Dank für die schwere Arbeit.

Im Herbst schlachtete man 2–3 Tiere, um die Fleischvorräte aufzubessern. Da kam es natürlich häufig vor, daß es nach dem Schlachten – so lange der Vorrat reichte – jeden Tag Hammelfleisch gab, sei es sonntags als Braten, sei es als Bereicherung des Eintopfes oder gepökelt, getrocknet und geräuchert als Aufschnitt zum Butterbrot.

Besonders wenn der Hammel alt und das Fleisch leicht ranzig und intensiv schmeckte, rief das nicht unbedingt Begeisterung bei den Familienmitgliedern hervor. Die Hausfrau half sich dann, indem sie z. B. die Keulen für einige Tage in eine Sauerbratenmarinade (s. S. 40) legte. Danach tupfte sie das Fleisch trocken und bereitete es wie folgt zu:

*40 g Schmalz, Salz, Pfeffer, 2 Eßlöffel Tomatenmark,
3 Zwiebeln, ¼ l Brühe, ¼ l Rotwein oder Bier,
1 Eßlöffel Pflaumenmus, 1 Messerspitze Kakaopulver,
1 Teelöffel Mehl*

Das Fleisch salzen und pfeffern. Das Fett in einer
Kasserolle erhitzen. Darin das Fleisch rundum
braun anbraten. Die in Stücke geschnittenen
Zwiebeln kurz mit anbraten. Das Fleisch heraus-
nehmen und den Fond mit etwas Wein und Brühe
loskochen. Zur Hälfte einkochen. Die restliche
Flüssigkeit, das aus der Marinade genommene
Gemüse und das Tomatenmark hinzufügen.
Das Fleisch oben auf das Gemüse legen und bei
geschlossenem Topf gar schmoren. Hin und wieder

– wenn nötig – etwas Flüssigkeit ergänzen. Das gegarte Fleisch herausnehmen und warm stellen. Den Bratenfond durchpassieren. Das Gemüse dabei kräftig ausdrücken. Mit in Wasser angerührtem Mehl binden, mit Pflaumenmus und Kakao abschmecken. Das Fleisch in Scheiben schneiden und mit etwas Sauce nappieren. Die restliche Sauce gesondert reichen.
Zu diesem Sonntagsbraten serviert man Salzkartoffeln und Gemüse bzw. Salate der Saison.

b) Aus der Hausschlachtung

Wie schon eingangs angedeutet, nahm die Hausschlachtung in der westfälischen Küche einen bedeutenden Platz ein. In der relativ arbeitsarmen und kalten Jahreszeit, wenn es möglichst schon leicht fror, wurden die ersten Schweine geschlachtet. Um Weihnachten herum verarbeitete man häufig ein Rind, und im Februar/März schlachtete man nochmals ein oder zwei Schweine, je nach Größe des Haushalts. Im Gegensatz zu anderen Landstrichen, wo man das Fleisch fast ausschließlich verkaufte und damit zusätzlich Geld herbeischaffte, verbrauchte man das Fleisch und die Wurstwaren größtenteils selbst. Lediglich Dauerware wie Geräuchertes oder Gepökeltes wurde vom Kiepenkerl gehandelt. Der Schlachttag war immer ein ereignisreicher Tag: viel Arbeit für die Erwachsenen, viel Neugierde bei den zuschauenden Kindern.

Das Schlachten besorgte meistens ein Hausschlächter, der normalerweise einen anderen Beruf ausübte, sich aber gerne etwas Geld dazu verdiente. Bei der Weiterverarbeitung halfen sich die Nachbarn gegenseitig aus, so daß deshalb eine Terminabsprache nötig war. Das „entborstete" Tier wurde längs geteilt und mußte über Nacht, draußen an einer Leiter hängend, auskühlen. Am anderen Tag war Wursttag. Örtlich unterschiedlich wurden Leberbrot und Wurstebrot, Möppkenbrot oder Panhas zum alsbaldigen Verzehr bereitet.
In Därme oder flache Schüsseln gefüllt, in Scheiben geschnitten und in der Pfanne gebraten, waren diese Wurstwaren im Winter eine dauerhafte, morgendliche Speise, die wohlig den Magen wärmte und Kräfte freisetzte. Mettwürste, Blut- und Leberwurst wurden entweder in Gläser eingeweckt oder in Naturdärme gefüllt, gekocht (bis auf die Mettwurst) und geräuchert. Große Fleischstücke wie Schinken oder der Bauchspeck wurden in ein eigens dafür im Keller gemauertes Pökelbecken gelegt und danach geräuchert. Den westfälischen Schinken und Würsten ist manches hohe Loblied gesungen, wurden die Schweine doch vielfach mit Eicheln und Bucheckern gefüttert und die Schinken im Winter und Frühsommer über dem Rauchfang „dem Wiemen", über Buchenholzscheiten und Wacholderbeeren, die man in die Glut warf, geräuchert. Und auch heute noch gilt: Sitzt man in gemütlicher Runde um das Herdfeuer und schaut in die Höhe, dann weiß man,

der „westfälische Himmel" ist gar nicht so weit weg.
Den Schlachtvorgang beendete man mit einem Schlachtessen, das aus der Kochbrühe für die Würste, aus gebratenen Lendchen, Lebern und kleinen Mettbällchen bestand. Die helfenden Nachbarn tafelten fleißig mit, und der besseren Verträglichkeit wegen gab es dazu viel „Korn und Bier". Zum Schluß bekam jeder Helfer noch frisches Fleisch oder ein Stück Wurst mit nach Hause.

Halber Kopf, „Backe" genannt

Nicht nur die älteren Leute schwärmen davon, auch die jüngeren, vor allem die Männer, die gern herzhaft essen, mögen diesen kalorienreichen Brotbelag.
Früher war er ein traditionelles Weihnachtsessen: Wenn man durchgefroren und hungrig aus der „Ucht" kam, freute man sich auf ein kräftiges Essen mit „Backe".

1 geräucherter Schweinekopf, Salz, Wasser, weißer Pfeffer, viele Zwiebeln

Den Schweinekopf in reichlich Salzwasser gar kochen. Das Fleisch mit der Schwarte aus den Backen lösen, die Schwarten vorsichtig abtrennen, alle Teile salzen und pfeffern. Die Fleischseite dick mit hauchdünn geschnittenen Zwiebelscheiben

belegen, Pfeffer darüberstreuen. Die Schwarte
darüberklappen und das Ganze auskühlen lassen.
Damit der Zwiebelgeschmack besser in das Fleisch
eindringt, beschwert man die Schwarte mit einem
Teller oder Brettchen. Dünn aufschneiden und auf
Pumpernickelscheiben legen. Ein deftiges, kräftiges Winteressen!
In vielen Familien bereitete man die Backe
schon einige Tage vor dem Fest zu, indem man
sie abkochte und bis Weihnachten in folgende
Marinade legte: Halb Brühe und halb Weinessig
aufkochen und heiß über die fertig zubereitete
„Backe" gießen. 4–5 Tage darin ziehen lassen.

Möpkenbrot

*10 l frisches Blut, 2½ kg Schrot, 500 g Speckwürfel,
Pfeffer, Nagelpfeffer, Salz, Kumin, Piment*

Das frische, warme Blut wird mit dem Schrot und
den Speckwürfeln vermengt und mit den Gewürzen pikant abgeschmeckt. Man kocht es in einem
Topf oder im Wasserbad und füllt es zum Auskühlen
in eine Schüssel; man schneidet es portionsweise
ab und würfelt es. Viele Zwiebeln und viel Speck
ebenfalls würfeln. Zusammen in einer Pfanne gut
durchbraten. Inzwischen einige Äpfel schälen,
würfeln und kurz mit durchschmoren. Sofort
essen. In manchen Gegenden träufelt man noch
Rübenkraut über das Gericht.

Panhas

Beim Schlachten wurden gewöhnlich auch Blut- und Leberwürste gekocht. Da passierte es schon einmal, daß einige von ihnen aufplatzten und auskochten. Aus dieser Brühe wurde dann der Panhas gekocht:
Zunächst kommen Gewürze wie Zwiebeln, Pfeffer, Salz, Majoran und Piment hinein.

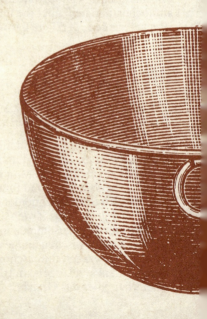

Jetzt wird Buchweizenmehl (500 g auf 1 l Brühe) in die kochende Brühe unter tüchtigem Umrühren hineingegeben, bis die Masse schwer breiig ist und sich vom Rand löst. Der Panhas wird dann in kalt ausgespülte Schüsseln gefüllt. Nach dem Erkalten stürzt man ihn auf einen Teller, schneidet ihn in 1 cm dicke Scheiben und brät diese in Schmalz von beiden Seiten schön knusprig. Dazu schmecken Bratkartoffeln und Gewürzgurken.
Auf eine Scheibe Brot gelegt, ist er sehr delikat. Im Sauerland beträufelt man Panhas mit Apfelkraut.

Wurstebrei / Wittmett

Zwei Namen für das gleiche Gericht! Während man es im Paderborner Land Wurstebrei nennt, kennt man es in Warburg und Umgebung unter Wittmett. Grundlage zu diesem Gericht ist ebenfalls die Brühe, in der die Würste gekocht worden sind, wobei hin und wieder eine platzte und die Brühe kräftigte.

2 l Brühe, 250 g Gerstengrütze, 500–750 g Restfleisch von der Schulter, vom Schinken oder Bauch, Salz, Pfeffer, eventuell etwas Bohnenkraut

Das Fleisch kochen und durch die feine Scheibe des Fleischwolfes drehen. Die Grütze mit etwas heißer Brühe überschütten und vorquellen lassen. Den Vorgang zweimal wiederholen. Dann mit der restlichen Brühe aufkochen und dick-suppig ausquellen lassen. Das durchgedrehte Fleisch zugeben, würzen und mit Salzkartoffeln und Gewürzgürkchen oder Salat servieren. Reste davon halten sich im Kühlschrank 2 Tage frisch. Sie werden im Wasserbad oder in einer Pfanne mit etwas heißem Fett wieder aufgewärmt.
Wurstebrei wird gern abends mit einer Scheibe Landbrot gegessen.

Kohlwurst

Was wäre ein Grünkohleintopf ohne ein gutes
Stück Fleisch oder eine kräftig gewürzte Wurst?
In Ostwestfalen gibt es dazu eine leicht geräucherte
Bratwurst, die, im Eintopf obenauf mitgeschmort,
das Gericht besonders schmackhaft macht.
Man kann diese Grünkohlwurst, wie sie vielerorts
auch genannt wird, praktischerweise fast überall
beim Metzger kaufen. Wenn Sie sie aber selber bis
zum Räuchern vorbereiten wollen, dann machen
Sie das so:

*2 kg Schweineschulter, 40 g Rötesalz, etwas Muskat,
250 g Zwiebeln, Salz, Pfeffer*

Zu Mett wird am besten das mit Fett durchwachsene Fleisch des Vorderblattes oder Vorderschinkens verwendet. Die Schwarten werden abgelöst,
das Fett zum Teil entfernt. Fleisch, das übrige Fett
und die abgezogene Zwiebeln dreht man durch die
grobe Scheibe des Fleischwolfs. Man würzt mit
Muskat, Salz und Pfeffer und gibt das Rötesalz zu.
Danach läßt man das Mett eine Zeitlang stehen,
damit die Gewürze gut durchziehen. Diese Masse
füllt man in Naturdärme, bindet sie zu Ringen ab
und gibt sie zum Räuchern.
Die Wurst soll weich bleiben und darf nicht,
wie z. B. eine Mettwurst, zu stark geräuchert sein.

Wild und Geflügel

a) Wildgerichte

In den zahlreichen Wäldern und den sumpfigen Niederungen Westfalens hat sich von jeher viel Wild aufgehalten. Die weiten Waldungen um Arnsberg z. B. sind bevorzugtes Gebiet für die Jagd auf Hirsche und Wildschweine. Die Chroniken berichten von groß angelegten Treibjagden fürstlicher Herren, und auch heute noch ist eine Einladung zu einer großen Treibjagd sehr begehrt. Und wer im Herbst und Winter das Land bereist, wird überall und immer wieder in den Flußniederungen Jäger, Treiber und Jagdhunde auf Wildenten-, Fasanen- und Hasenjagd antreffen. Die küchenfertige Vorbereitung des Wildes wird vom Jäger selbst besorgt. Die Hausfrau rupft höchstens einmal einen Fasan oder „zieht" einen Hasen „ab". Die Zubereitung erfolgt in Westfalen wie in anderen Landesteilen nach üblichen Standardrezepten.
Ausnahmen bilden die nachfolgenden Rezepte.

Hasenpfeffer

750 g Hasenfleisch (Vorderbeine, Bauchlappen, Rippchen, Hals, Kopf, Herz, Lunge, Leber), 50 g Butter, 40 g durchwachsener Speck in Scheiben, 2 gewürfelte Zwiebeln, ½ l Wasser oder Fleischbrühe, Salz, 3–4 Nelken, 8 Pfefferkörner, 1 Lorbeerblatt, 1 Eßlöffel Zucker, etwas Essig, 1 Tasse Hasenblut oder 1 Eßlöffel Mehl und 2–3 Eßlöffel Wasser

Wenn Sie die Möglichkeit haben, einen frisch geschossenen Hasen zu bekommen, dann verwenden sie zu diesem „Pfeffer" unbedingt das aufgefangene und mit etwas Essig verrührte Blut. Es kommt kurz vor Beendigung der Schmorzeit zu dem Ragout und kocht so lange unter Rühren mit, bis es stockt.
Das Hasenfleisch abtupfen, Speck und Zwiebeln kurz in Butter anrösten, das Fleisch dazugeben und schön braun anbraten. Mit Wasser oder Brühe ablöschen, ½ Teelöffel Salz zugeben und aufkochen lassen. Dann die Gewürze zugeben und alles so lange schmoren, bis das Fleisch weich ist.
Die Sauce, wenn kein Blut vorhanden ist, mit dem angerührten Mehl binden. Mit Essig und Zucker süßsäuerlich abschmecken. Der Hasenpfeffer soll dunkel glänzend aussehen. Dazu reicht man Nudeln oder Salzkartoffeln und Rotkohl.
Variante: Geben Sie 2 Eßlöffel Pflaumenmus in das fertige Gericht.

Jagdschüssel

Im allgemeinen endet eine große Treibjagd immer mit einem Schüsseltreiben, d. h. mit einem zünftigen Essen für Jäger und Treiber. In letzter Zeit hat es sich eingebürgert, einen deftigen Wintereintopf wie Grünkohl oder Erbsensuppe anzubieten; früher aber war es üblich, daß nach einer Großjagd der Jagdherr das sogenannte

kleine Jagdrecht für sich in Anspruch nahm, d. h.
daß das Rehwild aufgebrochen wurde und Herz,
Zunge und Leber noch am gleichen Abend auf den
Tisch kamen, sei es im Kreise der Familie oder der
Jäger.

*4 kleine Rehsteaks, 1 gekochte Rehzunge, 4 Scheiben
Rehleber, 50 g durchwachsener Speck, 50 g Butter,
2 gewürfelte Zwiebeln, 1 Dose Pfifferlinge,
2 Wacholderbeeren, Salz, Pfeffer, 100 g Zwieback-
brösel, 1 Glas (2 cl) Kirschlikör, ¼ l Rotwein,
2 Eßlöffel Preiselbeerkompott, viel gehackte Petersilie*

Die Steaks sowie die in Scheiben geschnittene
Leber werden in Butter und Speck angebraten.
Man gibt nach kurzer Bratzeit die Zwiebeln,
Pfifferlinge und zerstampften Wacholderbeeren
dazu und läßt alles nochmals kurz durchbraten.
Das Fleisch aus der Pfanne nehmen. Dabei leicht
salzen und pfeffern. Den Bratensatz mit Rotwein
loskochen. Mit Zwiebackbröseln sämig binden,
mit den übrigen Zutaten abschmecken. Die Zunge
in Scheiben schneiden und mit den Steaks und der
Leber abwechselnd in eine Kupferpfanne legen.
Mit Sauce übergießen, erhitzen und vor dem
Servieren mit gehackter Petersilie bestreuen.
Dazu reicht man Bratkartoffeln und Rotkohl.
Mit einem kräftigen Rotwein wird daraus ein
Festessen.

Fasan in Stachelbeersauce

2 Fasane, Salz, Pfeffer, 40 g Butter, 2 Tassen Wasser, 500 g Stachelbeeren und 1 Tasse Wasser (oder 1 Glas Stachelbeeren mit Saft), 100 g Zucker, ¼ l Weißwein, 1 Stück Zimtstange, Schale von 1 Zitrone

Die Fasane längs halbieren, würzen und in Butter braun anbraten. Wasser angießen und in etwa 45 Minuten gar schmoren. Herausnehmen und warm stellen. Die Stachelbeeren in dem Wasser halb weich kochen. Bei Konserven entfällt das. Den Zucker in einer Kasserolle hellbraun karamelisieren und mit dem Wein, dem Bratensatz, der Zimtstange und der Zitronenschale gut durchkochen. Die Schale herausnehmen. Die Stachelbeeren in der Sauce erhitzen, um die Fasane legen und mit Sauce übergießen.
Dazu in Butter geschwenkte Nudeln reichen.

b) Geflügel

Wer nur eben möglich Platz und Zeit zur Versorgung von Hühnern, Enten und Gänsen hatte, hielt sich ein paar davon, denn sie waren eine willkommene Abwechslung zum „ewigen" Schweinefleisch. Tauben, wie sie im Ruhrgebiet und auch vereinzelt in anderen Orten gehalten wurden, dienten in erster Linie dem Sport. Clubgemeinschaften, Flugergebnisse und die entsprechenden Wetten machten diese Vögel interessant. In den Topf kamen nur alte oder zur Zucht ungeeignete Tiere.

Taubenragout

Die Tauben wie Hühner weich kochen. Danach zu Ragout verarbeiten:
Das Fleisch wird klein geschnitten und in einer Art holländischer Sauce serviert.

40 g Butter, 40 g Mehl, ¼ l Taubenbrühe, ¼ l Milch, Salz, Pfeffer, Suppenwürze, gehackte Petersilie

Die Butter wird im Topf zerlassen, das Mehl darin angeschwitzt und mit Brühe und Milch abgelöscht. Man kocht die Sauce einmal auf und schmeckt sie pikant ab. Das Fleisch wieder in die Sauce geben. Kurz vor dem Servieren viel Petersilie unterheben. Dieses Ragout serviert man mit Brühreis.
Es eignet sich gut als leichte Krankenkost.
Tip: Ragout, in Blätterteigpasteten gefüllt, ist eine leckerer Imbiß für Gäste oder eine herzhafte Vorspeise zu einem Festessen.

Gebratene Täubchen

Junge Tiere werden nicht gekocht, sondern gebraten. Da sie wenig Fleisch haben, füllt man sie meistens mit einer Hackfleischmasse.

*4 Tauben, 150 g Gehacktes, fertig gewürzt,
je 4 Taubenlebern, -herzen, -mägen, einige Speckscheiben, 2 Zwiebeln, Salz, Muskat, Pfeffer,
¼ l Sahne, 20 g Speisestärke*

Lebern, Mägen, Herzen hacken und mit dem Hackfleisch kurz anbraten. Die Masse salzen, pfeffern und mit Muskat abschmecken. Damit werden die Täubchen gefüllt. Man näht sie zu und umwickelt sie mit Speckscheiben. Sie werden mit den Zwiebeln angebraten und nach dem Ablöschen

gar geschmort. Kurz vor Ende der Bratzeit begießt man die Tauben mit Sahne und schmort alles weitere 5–10 Minuten lang durch. Danach kann man die Sauce mit Speisestärke binden.
Die Täubchen vierteln und mit der in Scheiben geschnittenen Hackfleischmasse auf eine Platte legen. Leicht mit Sauce befeuchten.
Dazu Stampfkartoffeln und Rotkohl reichen.

Huhn in dicker, gelber Sauce

1 Huhn, 2 l Salzwasser, 1 Zwiebel
Sauce: 40 g Butter, 40 g Mehl, ¼ l Milch, ¼ l Brühe,
6 hartgekochte Eigelbe, abgeriebene Schale von
1 Zitrone, Salz, Pfeffer, Essig oder Weißwein, Zucker,
2 Eßlöffel geschlagene Sahne, 2 Eßlöffel gehackte Petersilie

Das Huhn in Salzwasser mit der Zwiebel gar kochen. Herausnehmen und in großen Portionen, ohne Knochen, auf eine vorgewärmte Platte legen. Die Sauce bereiten: Butter zerlassen, das Mehl hell anrösten und mit Milch und Brühe durchkochen. Das Eigelb fein hacken. Mit dem Zitronenschalenabrieb in die Sauce geben. Mit Salz und Pfeffer, Essig oder Wein und 1 Prise Zucker abschmecken. Zum Schluß die Sahne und Petersilie leicht unterheben. Über die Hühnchenteile gießen und sofort servieren.
Dazu: Brühreis und grüner Salat in Sahnesauce.

Eigene Rezepte & Notizen

Heringsgerichte und Muscheln

a) Hering

Die binnenländische Lage, die Bodenständigkeit
des Volkes ließen die Westfalen nie zu großen
Fischessern werden. Da Seefisch nicht besonders
frisch zu kaufen war, als getrockneter Stockfisch
aber nicht besonders delikat mundete, griff man
auf Süßwasserfische zurück. Aale, Forellen,
Karpfen, Hechte und andere Fische bevölkerten
scharenweise Teiche und Bäche, und selbst die
heute so selten gewordenen Krebse gab es in
Mengen. Die Fische wurden blau gekocht oder
nach Art der Müllerin gebraten. Die Krebse
kochte man nur im Ganzen. Eine Ausnahme
bildeten die Heringe, die, in großen Salzfässern
gelagert, über den Rhein zu uns kamen.
Sie wurden in eine Marinade eingelegt und waren
freitags in jedem „Tante-Emma"-Laden zu haben.
Doch legte man sie auch zu Hause selbst ein.
Da sie häufig zu den Eintöpfen gegessen wurden,
kaufte man sie nicht stück-, sondern kiloweise.

Eingelegte Heringe

*2 kg Salzheringe, 1 l Wasser, 2 l Essig, etwas Zucker,
8–10 Lorbeerblätter, 6 große Zwiebeln, 1 Beutel
Gewürzkörner*

Die Heringe werden gesäubert und 24 Stunden
lang gewässert. Das Wasser häufig wechseln.
Danach die Heringe ausnehmen und abwechselnd

mit Lorbeerblättern, Zwiebelscheiben und
Gewürzkörnern in eine Heringsschüssel schichten.
Den Rogen dazu einlegen, den Milchner durch ein
Haarsieb drücken, mit dem Essig-Wasser-Gemisch
verrühren und über die Heringe gießen.
Diese müssen mindestens 48 Stunden lang ziehen.
Sie werden zur Erbsensuppe, zu grauen Erbsen,
zu Bratkartoffeln oder Pellkartoffeln gereicht.

Eingelegte Bratheringe

*10 grüne Heringe, Salz, Zitronensaft, ¾ l Essig,
½ l Wasser, Zucker nach Geschmack, 1 kg Zwiebeln,
2 Lorbeerblätter, 1 Tütchen Gewürzkörner*

Die Heringe waschen, ausnehmen und innen mit
Zitronensaft beträufeln. 10 Minuten stehen lassen,
dann salzen und in Mehl wenden. Bratfett in der
Pfanne erhitzen und die Heringe darin bei
mittlerer Hitze garen.
Nach 5 Minuten vorsichtig wenden. Die Zwiebeln
werden geschält und in Ringe geschnitten. Die
fertig gebratenen Heringe legt man in eine breite
flache Schüssel. In das noch heiße Bratfett gießt
man die Essig-Wasser-Mischung, gibt die Zwiebeln
dazu und kocht beides mit den Gewürzen gut auf.
Die heiße Marinade wird über die Bratheringe
gegossen. Nach 24 Stunden sind sie gut durchgezogen. Sie halten sich etwa 5–6 Tage im Kühlschrank.

b) Muscheln

Im Ruhrgebiet und in den Orten nahe des Rheins werden in den Monaten mit „r" häufig Muscheln zubereitet. Fast jede Wirtschaft hat dann ein Schild draußen vor der Tür „Heute frische Muscheln", um die Kunden anzulocken. Ihre Zubereitung ist zwar einfach, aber doch zeitaufwendig, und so bedient man sich gern des Angebotes der Gaststätten.

Muscheln im Sud

1500 g Miesmuscheln, 2 Zwiebeln, 1 Stück Sellerie, 1 Lorbeerblatt, ½ l Wasser, 2 Stangen Porree, 1 Möhre, Salz, Pfeffer, 2 Eßlöffel Butter

Die Muscheln werden einige Stunden in Wasser gelegt. Sollten sich dabei Schalen öffnen, so wirft man diese Muscheln unbedingt weg, weil sie giftig sind. Die anderen werden gebürstet, die Bartbüschel mit dem Messer abgezogen. Die Butter wird in einem Topf zerlassen, das geputzte und zerkleinerte Gemüse darin angeschmort, mit Wasser abgelöscht und gewürzt. In die kochende Suppe gibt man die Muscheln und läßt sie etwa 6 Minuten bei geschlossenem Topf köcheln. Dann wendet man sie, damit die oben liegenden nach unten kommen, und läßt sie noch einmal

5 Minuten ziehen. Sie sind gar, wenn sich die Schalen geöffnet haben. Muscheln, die jetzt noch geschlossen sind, sollte man ebenfalls wegwerfen. Gegessen werden sie so: Man serviert sie in einem Suppenteller, der mit einem anderen abgedeckt ist. Dieser zweite Teller ist für die leeren Schalen gedacht. Man schlürft die Muscheln, indem man sie mit einer leeren Schale lockert und mit der Hand zum Mund führt. Zwischendurch löffelt man den Sud und ißt gebuttertes Schwarzbrot dazu. Ein kühles Bier sollte auch nicht fehlen.

Muschelragout

2 kg Muscheln, 100 g durchwachsener Speck, 2 Zwiebeln, 1 dicke Stange Lauch, 1 Eßlöffel Butter oder gutes Öl, Petersilie, ½ Tasse Sahne, 2 Tomaten, Salz, Pfeffer

Die Muscheln wie im vorigen Rezept kochen. Das Fleisch aus den Schalen heben. Den Speck, die Zwiebeln und den Lauch würfeln und in Butter mit den Muscheln anbraten. Die Tomaten häuten und würfeln. Mit der Sahne zu den Muscheln geben, aufkochen, abschmecken und mit gehackter Petersilie bestreuen. Auf Pumpernickelscheiben oder zu Bratkartoffeln und Rührei servieren.

Gemüse und Gemüseeintöpfe

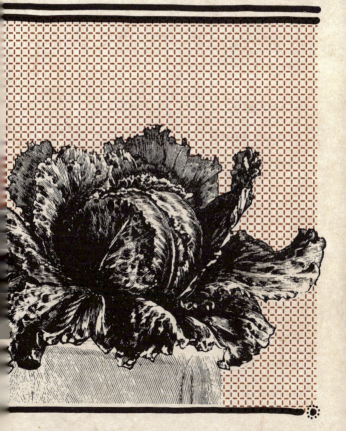

Ein Gemüsegericht, gesondert von Fleisch und Kartoffeln gegart, wurde fast nur an Fest- und Feiertagen zubereitet. Da hatte die Hausfrau mehr Zeit zum Kochen. An arbeitsreichen Wochentagen begnügte man sich mit Eintöpfen. Das mitgegarte Fleisch schnitt man klein und gab es in den Eintopf zurück oder servierte es separat.

a) Gemüse

Johannislauch

Im Warburger und Lipper Land ist dieses Gemüse sehr beliebt. Es ist ein zartes Zwiebelgewächs, das geerntet wird, bevor es zur Knollenbildung ansetzt, und zwar im Frühjahr bis etwa zu Johannis (24. Juni).

1 kg Johannislauch, Salzwasser, ½ l Fleischbrühe, 20 g Butter, 75–100 g Rosinen, Salz, Essig, Zucker nach Geschmack, Paniermehl zum Binden der Sauce

Die Lauchzwiebeln reinigen, die Spitzen und das Wurzelende abschneiden. Den Lauch einmal durchschneiden, damit er nicht so lang ist.
In kochendes Salzwasser legen und kurz aufkochen lassen. Das Wasser abschütten. ½ l Fleischbrühe erhitzen, das Gemüse hineingeben, ebenso die Butter und die Rosinen. Garen mit Salz, Essig und Zucker, süß-säuerlich abschmecken und mit Paniermehl eindicken.

Dazu ißt man Salzkartoffeln und gekochtes Rindfleisch. In Ostwestfalen verlängert man auch wohl die Johanni-Zeit mit ihrem herrlichen Gemüse, indem man später die kleinen Schalotten auf diese Weise zubereitet.

Tomatengemüse

Es wurde früher häufig abends zu einer Scheibe Brot gegessen.

500–750 g Tomaten, 250 g Zwiebeln, 40 g Butter oder Schmalz, Salz, Pfeffer, 4–6 Eier, ⅛ l Milch

Die Tomaten und Zwiebeln in Scheiben schneiden. Das Fett in einer Pfanne auslassen. Lagenweise Tomaten, Zwiebeln und Gewürze hineingeben und durchdämpfen. Eier und Milch verquirlen, über das Gemüse gießen, den Pfannendeckel auflegen und das Gericht stocken lassen.
Die Pfanne kommt nach altem Brauch in die Mitte des Tisches, und jeder sticht sich ein Stück „Kuchen" ab.

Gebackene Bohnen

250 g weiße Bohnen, 1 l Wasser, 500 g Bauchfleisch, 1 Zwiebel, Salz, etwas Bohnenkraut (wer mag), 40 g Mehl, 20 g Butter oder anderes Bratfett, 60 g Speck, in Würfel geschnitten, 2 Zwiebeln

Die Bohnen werden über Nacht in Wasser eingeweicht und am anderen Morgen mit dem Einweichwasser, den Gewürzen, Kräutern und dem Bauchfleisch 45 Minuten lang gekocht. Aus Fett, Speck, den gehackten Zwiebeln und Mehl bereitet man eine helle Mehlschwitze und löscht sie mit so viel Brühe ab, daß eine nicht zu dicke Sauce entsteht. Unter diese Sauce zieht man die halb garen Bohnen, schiebt den Topf in den Backofen und läßt das Gericht noch einmal 60 Minuten bei 220 °C quellen. Man schmeckt den „Topf" pikant ab und säuert ihn eventuell leicht mit Essig. Dazu werden Pellkartoffeln und eingelegte Heringe gegessen.
Das gekochte Bauchfleisch aß man früher kalt aufgeschnitten auf Pumpernickel, dick mit Senf bestrichen und gepfeffert. Dazu schmeckte dann ein Gewürzgürkchen recht gut. Das war eine deftige Unterlage für die weitere Arbeit.

Graue Erbsen mit Hering

– ein beliebtes Aschermittwochsgericht.

250 g ungeschälte graue Erbsen, 100 g Fett (Schmalz, Speck usw.), 4 dicke Zwiebeln, ½ l Brühe, 40 g Mehl, etwas Essig, Zucker

Die Erbsen über Nacht einweichen und am anderen Morgen in dem Einweichwasser 2 Stunden lang weich kochen. Das Wasser abschütten und die

Erbsen mit kochendem Wasser erneut überbrühen.
Das Fett zerlassen, die Zwiebeln in Scheiben
schneiden und in Fett glasig schmoren. Mit Brühe
ablöschen, die Zwiebeln einmal durchkochen und
mit Mehl zu einer hellen Sauce binden. In diese
Sauce gibt man die Erbsen und schmeckt das
Gericht süßsauer ab.
Dazu ißt man Salzkartoffeln und sauer eingelegte
Heringe. Nur für gute, starke Mägen geeignet!

Ein Tip: Graue Erbsen kann man auch wie eine
übliche Erbsensuppe kochen. Damit diese
verträglicher wird, kocht man ½ Teelöffel Natron
mit. Doch Vorsicht, Natron braust leicht auf!

b) Gemüseeintöpfe

Stielmuseintopf

Dieses Gericht ist bei den Münsterländern und
über die Grenzen des Landes hinaus beliebt.
Es wird vornehmlich im Frühling gegessen,
da man zu diesem Essen die zarten Stiele der
Mairüben verarbeitet.

750 g Rindfleisch (Hohe Rippe), 1 l Salzwasser,
1 kg Stielmus, Salz, Pfeffer, 750 g Kartoffeln,
2 Eßlöffel Butter, 1 Eßlöffel Mehl, 1 Eßlöffel Milch

Das Fleisch wird in Salzwasser etwa 1 Stunde
langsam gekocht, bevor man das junge Stielmus,
das man vorher ganz fein geschnitten und sehr

gründlich gewaschen hat, in die Brühe gibt. Nachdem dieses gut durchgekocht ist, fügt man die kleingeschnittenen Kartoffeln hinzu und läßt es zusammen noch 15 Minuten gar kochen. In der Zwischenzeit bereitet man aus Butter, Mehl und Milch einen Kloß, legt ihn oben auf das Gemüse und läßt ihn zerkochen. Der Eintopf wird mit Salz und Pfeffer abgeschmeckt.

Wuorttelpott

375 g Hohe Rippe, ⅜ l Wasser, Salz, Pfeffer, 750 g Möhren, 750 g Kartoffeln, 2 Zwiebeln, etwas Essig, Zucker

Das Fleisch in kochendem Wasser aufsetzen und 60 Minuten kochen lassen. Dann fügt man die

gewürfelten Möhren, Zwiebeln und Kartoffeln hinzu, salzt, pfeffert und läßt das Gericht etwa 30 Minuten langsam garen. Das Fleisch wird klein geschnitten und wieder in das Gemüse gegeben. Mit Essig und Zucker abschmecken. Zum Schluß streut man gehackte Petersilie darüber.
Dazu essen echte Westfalen Gurkensalat oder Apfelkompott.

Dicke Bohnen mit Speck

Die große Verbreitung des folgenden Gerichtes erkennt man noch heute an dem plattdeutschen Spruch aus alten Zeiten:
Jau, de schönste Tied von'n Summer,
Is de Grautebaunentied –
In de Grautebaunentied,
Buk, wäör mi no maol so wied!

1 kg große Bohnen (auch „Dicke Bohnen", „Pferdebohnen" oder „Saubohnen" genannt), 1 kg Kartoffeln, 2 Zwiebeln, 80 g geräucherter durchwachsener Speck, Salz, Pfeffer, ¼ l Wasser, 20 g Mehl, Bohnenkraut

Die Bohnen werden ausgehülst und in kochendem Salzwasser gegart. Zwiebeln und Speck würfeln und anbraten. Mit Mehl anschwitzen und mit dem Gemüsewasser ablöschen. Die Bohnen und die gekochten Kartoffelstücke unter die Sauce ziehen,

mit Salz, Pfeffer und Bohnenkraut abschmecken. Wer dieses Gericht nicht gern „durcheinander gekocht" ißt, kann die Kartoffeln auch getrennt dazu reichen.
In einigen Dörfern des Münsterlandes ißt man dieses Gemüse suppig, d. h. dünnflüssig aus dem tiefen Teller und mit einem Suppenlöffel als Besteck. Der Speck wird nicht geschnitten, sondern am Stück mitgekocht. Man schneidet ihn gesondert vom „Topf" auf einem Brettchen klein (s. S. 70).
In Ostwestfalen, z. B. in Warburg, ist es Sitte, statt der Kartoffelwürfel Britteln einzumengen und 10 Minuten ziehen zu lassen.
Britteln: 1 Ei, 1 Prise Salz, 5 Eßlöffel Mehl verkneten und zwischen den Händen zu kleinen Flocken, Britteln genannt, zerreiben.

Westfälisches Blindhuhn

200 g weiße Bohnen, 250 g geräucherter durchwachsener Speck, 250 g grüne Stangenbohnen, 250 g Möhren, 750 g Kartoffeln, 2 Zwiebeln, 250 g Äpfel (am besten Boskop), Salz, Pfeffer

Die weißen Bohnen werden über Nacht in 1½ l Wasser eingeweicht und am Morgen mit dem Einweichwasser zum Kochen gebracht.
Nach 30 Minuten Kochzeit gibt man den Speck hinzu und läßt beides 60 Minuten weiterkochen. Den Speck herausnehmen. Die Bohnen abfädeln

und brechen, die Möhren putzen und in Scheiben schneiden, die Kartoffeln schälen und würfeln, die Äpfel schälen und vierteln, die Zwiebeln putzen und in Scheiben schneiden. Das Gemüse in den Topf geben und etwa 30 Minuten schwach kochen lassen. Mit Salz und Pfeffer abschmecken, eventuell etwas Suppenwürze zugeben. Den Speck in Scheiben schneiden und in dem Gemüse servieren. Im Lipper Land läßt man zum Schluß noch Heißwürstchen in dem Eintopf ziehen.

Schinkenbegräbnis

Dieses Gericht wird in und um Gütersloh im Sommer gekocht.

1 kg Tomaten, 1 kg Kartoffeln, 500 g Zwiebeln, 500 g Schinkenreste, ½ Tasse Brühe, Salz, Pfeffer, Butterflöckchen

Die Tomaten und Zwiebeln in Scheiben schneiden. Die Kartoffeln schälen und in Scheiben schneiden. Den Schinken würfeln oder fein hacken. In einem schweren Topf schichtet man je 1 Lage Tomaten, Zwiebeln, Kartoffeln, würzt mit Salz und Pfeffer, streut dicke Schinkenwürfel darüber und wiederholt den Vorgang, bis alles aufgebraucht ist. Mit der Brühe angießen (es braucht nicht viel zu sein, da die Tomaten bald Saft ziehen), mit den Butterflöckchen belegen und etwa 30 Minuten bei mittlerer Temperatur garen. Sind die Kartoffeln weich, rührt man den Eintopf einmal um und serviert ihn sofort.

Porreetopf

In Ostwestfalen schwört man darauf, besonders auch dann, wenn eine Handvoll Rosinen mitgeschmort werden.

1 kg Porree, 250 g Nudeln (Spaghetti oder Makkaroni), 500 g Bratwurst, 40 g Fett, 1 Tasse Brühe, Salz, Pfeffer

Den Porree putzen und in fingerlange Stücke schneiden. Die Nudeln abkochen und ebenfalls in fingerlange Stücke schneiden. Das Fett in einem tiefen Topf auslassen, den Porree, die Nudeln und darauf die Bratwurst schichten, würzen und mit Brühe übergießen. Bei kleinem Feuer schmoren, bis der Porree weich ist. Er darf nicht zerfallen. Die Bratwurst in Portionen teilen, das Gemüse durchrühren und sofort servieren.
Herzhafter schmeckt das Gericht, wenn man die Bratwurst vor dem Kochen braun anbrät.

Lippische Ananas

Wer weiß schon, daß Spötter die Steckrübe so benannt haben?! Als Eintopf verarbeitet, schmeckt sie im Winter durchaus nicht nach Rüben! – Nach Ananas allerdings auch nicht!

2 Steckrüben, 500–750 g gepökelte Schweinerippchen, ½ l Wasser, 750 g Kartoffeln, ⅛ l Brühe, 2 Zwiebeln, Salz, Zucker

Die Steckrüben schälen, in Scheiben schneiden, mit Salz bestreuen und 60 Minuten Wasser ziehen lassen, damit sie den scharfen Geschmack verlieren. Die Kartoffeln schälen und in Würfel schneiden. Die Rippchen in Wasser vorkochen, bis sie fast gar sind. Danach die Rübenscheiben, das Fleisch, die Kartoffelwürfel und die Zwiebelwürfel in einen Topf schichten, mit etwas Brühe angießen und garen. Mit Salz und Zucker abschmecken. Das Gemüse sollte nicht zu suppig sein. Gegebenenfalls muß man etwas Brühe abgießen und die Kartoffeln stampfen oder mit etwas angerührtem Mehl binden.

Grünkohlessen

Der Grünkohl, in manchen Gegenden auch Braunkohl genannt, ist **das** Wintergemüse schlechthin. Früher war es oft das einzige frische Gemüse, das noch im Winter im Garten wuchs, und es war deshalb – neben Sauerkraut und Fiezebohnen aus dem Faß – eine echte Bereicherung der „Speisekarte". Wen wundert es da, daß so viele offizielle Einladungen zum Essen auch Grünkohl aufwiesen? Denken wir an den norddeutschen Raum, wo Braunkohl und Brägen- bzw. Pinkelwurst zu jedem Festessen gehören, und schlagen wir Brücken nach Westfalen, wo Kohlessen, wie z. B. in Herford-Radewig, in Gütersloh und im Siegerland,

noch in Mode sind und in jedem Winter das
Einerlei des Alltags beleben. Im Münsterland
serviert man Rippchen, Bratwurst oder Mettendchen zum Grünkohl, in Ostwestfalen aber
Kohlwurst (s. S. 51) oder Hirnwurst. Und noch
eins: Grünkohl schmeckt erst richtig gut, wenn der
erste Frost „darüber gegangen" ist. Er nimmt dem
Kohl die Bitterstoffe, wandelt diese um in zarte
Süße.

*1500 g Grünkohl, 60 g Schmalz, 2 Zwiebeln,
¼ l Wasser, Salz, Pfeffer, 4 Mettendchen, geräuchert,
500 g frische Bratwurst oder 500 g Rippchen vom
Schwein, dazu: 1 kg Salzkartoffeln, gewürfelt und
fertig gekocht*

Den Grünkohl gründlich waschen und kurz
abkochen. Das Wasser wegschütten und den Kohl
fest ausdrücken. Nun den Kohl in Streifen
schneiden. Die Zwiebelringe und die Wurst oder
Rippchen in dem Schmalz goldgelb anbraten, den
Grünkohl mit anschmoren und mit dem Wasser
ablöschen. Salzen und pfeffern! Mettendchen
obenauf legen und mitschmoren. Zum Schluß die
Kartoffeln unter das Gemüse heben.
Im Beckumer Raum kocht man gern 2–3 Winterbirnen im Gemüse mit. Sie erhöhen das Aroma
und machen den Kohlgeschmack etwas lieblicher.
Die Birnen werden ungeschält beigegeben und
nach dem Garen gesondert zu dem Eintopf
gereicht. Außerdem muß der Kohl glänzen,
d. h. es darf nicht mit Fett gespart werden.

Blutgemüse

Sicherlich kann man sich – um diesen Eintopf herstellen zu können – das Schweineblut auch beim Metzger besorgen, viel schöner aber ist die Sitte im Paderborner Land, sich eine Tasse Blut bei dem Nachbarn zu holen, der gerade geschlachtet hat. Deshalb gibt es dieses Blutgemüse, andernorts auch Schweinepfeffer genannt, vornehmlich im Winter, wenn man schlachtet.

750 g Kleinfleisch vom Schwein (Rippe, Bauch, Backe, Haxe usw.), 2 Lorbeerblätter, Salz, Nelkenpfeffer, 1 l Wasser, 3–4 dicke Zwiebeln, 500 g Kartoffelwürfel, 250 g getrocknete, dann eingeweichte und vorgekochte Pflaumen oder ersatzweise ein 1-l-Glas eingekochte Pflaumen, 1 Tasse Blut, etwas Mehl, Essig, Zucker

Das Kleinfleisch in große Würfel hacken und mit den Gewürzen sowie den geschnittenen Zwiebeln und dem Wasser zum Kochen bringen. So lange kochen lassen, bis das Fleisch fast gar ist. Danach die Pflaumen und Kartoffeln zugeben und alles gar schmoren. Blut und Mehl verrühren und das Gericht damit andicken. Mit Essig und Zucker süß-säuerlich abschmecken.

Spanisch Fricco

Bereits Henriette Davidis, Pfarrerstochter aus
Wengern an der Ruhr und Bestseller-Autorin der
Kochbuchliteratur des 19. Jahrhunderts, erhob das

Spanisch Fricco als Westfalen-Eintopf zu Ruhm und Ehre. Schon damals zwischen Rhein und Ems gern gekocht, wird es auch heute noch in vielen Haushaltungen gegessen.

250 g Rindfleisch zum Braten, 250 g Schweinefleisch zum Braten, 3 Eßlöffel Öl, 40 g Speckwürfel, Salz, Pfeffer, Paprika, 1/8 l Brühe, 1 kg Kartoffeln, 4 dicke Zwiebeln, 2–3 Nelken, 2–3 Lorbeerblätter, 1/4 l süße oder saure Sahne, Butterflöckchen

Das Fleisch in mundgerechte Würfel schneiden, in dem Öl und dem Speck gut anbraten.
Mit Salz, Pfeffer und Paprika würzen, mit Brühe ablöschen und 20 Minuten vorgaren. Die Zwiebeln und Kartoffeln schälen und in dünne Scheiben schneiden. Eine feuerfeste Form einfetten, abwechselnd Fleisch, Zwiebeln und Kartoffeln einschichten. Dabei die Kartoffeln leicht salzen, die Lorbeerblätter und Nelken mit einlegen, die Brühe zugeben und das Ganze bei 175 °C etwa 10 Minuten gut schmoren lassen. Danach die Sahne, gut verschlagen, über das Gericht gießen, mit Butterflöckchen belegen und noch einmal für 30 Minuten in den heißen Backofen schieben.
In der Form servieren und mit Salat oder Gewürzgurken essen.

Tip: Wer es billiger machen will, der sollte die Warburger Variante bevorzugen und Hackfleisch statt des Gulaschfleisches nehmen.

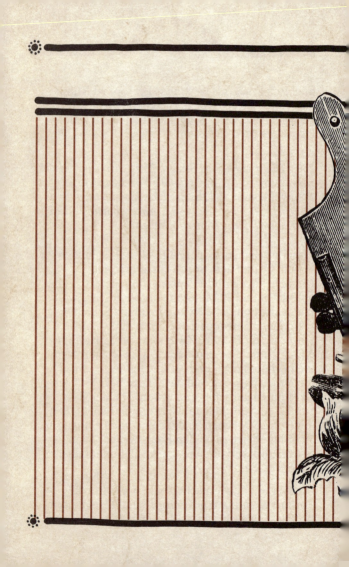

Salate

Grüne Salate werden häufig in einer süßlich schmeckenden Sahnesauce serviert. Will man sparen, richtet man ihn in einer säuerlichen Specksauce an. Eine klassische Vinaigrette – und gar ungesüßt – ist den Westfalen ein Greuel.

Westfälischer Kartoffelsalat

Kartoffelsalat wird in Westfalen häufig gegessen. Mit einem Brühwürstchen ist es ein beliebtes Sonntagabendessen, mit kaltem Kotelett ein gutes Mittagessen zur heißen Sommerzeit und mit einem deftigen Schinkenbrot oder hartgekochtem Ei ein schnelles Gericht, wenn unerwartet Gäste kommen.

1 kg festkochende Kartoffeln, Salzwasser, 3 Eier, 2 Zwiebeln, ½ Salatgurke, 2 Teelöffel frische Dillspitzen, 1 Bund Schnittlauch
Sauce: ¼ l Sahne, Essig, Salz, Zucker, Pfeffer

Die Kartoffeln schälen, waschen und kochen. Danach gut auskühlen lassen. Die Eier hart kochen, pellen und in Scheiben schneiden. Die Kartoffeln ebenfalls in Scheiben schneiden. Die Zwiebeln würfeln. Die Gurke schälen und in dünne Scheibchen raffeln. Den Schnittlauch und den Dill recht fein hacken. Die Sahne etwas anschlagen, mit Essig säuern, mit Salz, Pfeffer und Zucker pikant abschmecken. Alle Zutaten mit der Sauce mischen und gut durchziehen lassen. Recht kühl servieren.

Feldsalat mit Specksauce

1 großer Durchschlag voll Feldsalat, 50 g geräucherter durchwachsener Speck, Salz, Zucker, Pfeffer, 2 Eßlöffel Essig, ¼ l Wasser, 1 Eßlöffel Mehl

Der Salat wird gewaschen, die Wurzeln werden abgeschnitten. In eine Schüssel häufen. Den Speck würfeln und in einer Pfanne zerlassen. Man löscht ihn mit Essig ab, verrührt Mehl und Wasser, gießt es dazu und läßt die Sauce aufkochen. Abschmecken und über den Salat geben. Er muß sofort gegessen werden.

Bohnensalat

500 g grüne Bohnen, 1 Zwiebel, Salz, Pfeffer, Essig, Öl, Zucker, etwas Milch

Die grünen Bohnen abfädeln, in Stücke schneiden und in Salzwasser abkochen. Das Wasser abschütten. Aus Öl, Essig, Salz, Pfeffer, kleingeschnittener Zwiebel, 1 Prise Zucker und Milch eine Marinade herstellen und über die noch warmen, trockenen Bohnen geben. Bis zum völligen Auskühlen durchziehen lassen und öfter umrühren.
Diesen Salat ißt man gern zu Speckpfannkuchen, zu Kurzgebratenem oder auch wohl zu Hering.

Pfannengerichte

Pfannengerichte, möglichst in der Pfanne serviert, damit das Anrichten wenig Arbeit macht, waren besonders abends an der Tagesordnung.
Gekochte Kartoffeln z. B. wurden auf dem blankgescheuerten Holztisch gepellt und in eine Pfanne mit Sauce getunkt. So brauchte jeder nur eine Gabel und ein Messer. Das hielt den Abwasch in Grenzen und man gewann Zeit für den wohlverdienten Feierabend.
Häufig wurde aber auch der Eintopf vom Mittag aufgewärmt und durch einen Pfannkuchen ergänzt. Ein Abendbrot ohne Mehl- oder Eierpfannkuchen war in vielen Familien schlicht undenkbar. Man aß ihn in folgender Kombination:

a) Salzkartoffeln – saure Specksauce – grüner Salat – Pfannkuchen

b) Schnibbelbohneneintopf oder ein anderer Eintopf – Pfannkuchen

c) Auf gebuttertem Stuten

d) Am anderen Morgen als kalter Rest auf gebuttertem Stuten zum zweiten Frühstück.

In Gütersloh und Umgebung aß man Pfannkuchen mit Stippmilch zusammen.
Pfannkuchen aus Mehl, Milch und Eiern waren aber auch ein traditionelles Essen nach den sogenannten Heischegängen, den Umzügen zu Fastnacht, Ostern, Pfingsten usw. Kinder klopften

an die Türen, sagten Sprüche auf und erhielten
dafür Eier, Mehl und Speck. Diese Lebensmittel
wurden dann abends zu Pfannkuchen verbacken
und gemeinsam verzehrt.

Eierpfannkuchen

*2 Eier, 250 g Mehl, ½ l Milch, ½ l Teelöffel, Salz,
Schmalz oder heute Öl*

Die Eier mit dem Salz verschlagen, nach und nach
Mehl und Milch zugeben. Alles zu einem glatten
Teig rühren. Der Teig muß 30 Minuten quellen.
Fett wird in der Pfanne erhitzt. Man läßt eine
Suppenkelle voll Teig in die Pfanne laufen und
backt den „Kuchen" von beiden Seiten goldgelb
aus.

Speck- oder Mettwurst-Pfannkuchen

Dünne Speck- oder Mettwurstscheiben kurz
anbraten, den Teig wie oben einlaufen lassen und
abbacken. Diese Pfannnkuchen sind eine traditionelle Heilig-Abend-Speise in Ladbergen;
im Ruhrgebiet ißt man sie am Osterabend,
bevor man zum Osterfeuer geht.

Obstpfannkuchen

Sie sind eine sommerliche Variante der üblichen Pfannkuchen zum Abendbrot. Besonders die Kinder freuen sich über die „Süßen". Dazu eignen sich folgende Obstsorten: frische Pflaumen, frische Kirschen, frische Äpfel.
Der Teig muß etwas dicker sein als beim einfachen Pfannkuchen. Man gibt auf die ungebratene Seite geputztes und zerkleinertes Obst und wendet dann die Pfannkuchen. Mit Zimt und Zucker bestreut servieren. Wichtig ist, daß die Pflaumen halbiert und die Äpfel in feine Scheibchen geschnitten sind. Wenn man etwas mehr Teig in die Pfanne gibt, gelingt der Pfannkuchen besser.

Buchweizenpfannkuchen

Buchweizenpfannkuchen ist ein anspruchsloses, jedoch nahrhaftes Gericht. Kenner essen ihn mit Zuckersirup und Pumpernickel oder mit grünem Salat, Bauernbrot und Butter. So üppig allerdings wird er erst in jüngster Zeit serviert. Früher war er für viele arme Familien jahrein, jahraus die Hauptspeise. Denkt man an die Leineweber, die – als das Handweben nicht mehr gefragt war, im Sommer nach Holland in die Ziegeleien gingen, um für den Winter Geld für die Lieben zu erarbeiten – fast ausschließlich von Erbsensuppe und Buchweizenpfannkuchen lebten; denkt man an die münsterländischen Heuerlinge, die ebenfalls im Sommer nach Holland gingen, um dort Torf zu stechen, so bezweifelt man die Beliebtheit des Gerichts. Denn monatelang war Buchweizenpfannkuchen, draußen am Arbeitsplatz über offenem Feuer zubereitet, das Mittagsmahl schlechthin.

1 kg Buchweizenmehl, ½ Teelöffel Salz, 5 Eier, 250 g fetter Speck, Schmalz, Kaffee zum Anrühren des Teigs

Aus dem Buchweizenmehl, den Eiern, dem Salz und unter Zugabe von kaltem Kaffee wird ein dickflüssiger Teig bereitet, der mindestens 4 Stunden quellen muß. Der Speck wird in dünne Scheiben geschnitten, jeweils 3 oder 4 Scheiben mit Schmalz in der Pfanne ausbraten. Darauf gibt man eine Kelle Teig und backt den Pfannkuchen auf beiden Seiten braun.

Brotpfannkuchen

500 g altes Weißbrot, 40 g Butter, 6 Eier (getrennt), 1 Eßlöffel Mehl, 1 Messerspitze Zimt, abgeriebene Schale von 1 Zitrone, 100 g Korinthen (kann auch fehlen), Fett zum Braten

Das Weißbrot zerreiben und mit der Butter und dem Eigelb verrühren. Mehl, Zimt, Zitronenschale und Korinthen zufügen und das zu steifem Schnee geschlagene Eiweiß unterheben. Etwas Fett in

einer Pfanne erhitzen, kleine Kellen Teig hineingeben, so daß Plätzchen entstehen, und diese von beiden Seiten goldbraun backen.
Man ißt sie heiß, überträufelt sie mit Apfel- oder Rübenkraut und trinkt dazu Milchkaffee.

Leineweber/Pillekauken

Pillekauken und Leineweber, zwei Gerichte mit fast den gleichen Zutaten, sind in Westfalen sehr bekannt und beliebt. Den „Pillekauken" kennt man mehr im Münsterland, während man um Wuppertal und im Ruhrgebiet „Leineweber" bevorzugt. Der Pillekauken (Pille = Würmer, Kauken = Kuchen) hat seinen Namen von den Speck- und Kartoffelstreifen, die im Pfannkuchenteig eingebacken werden. Leineweber verdanken ihren Namen – so sagt man – dem Einfallsreichtum einer armen Bielefelder Leinewebersfrau, die aus Resten ein Mittagessen zubereiten mußte. Bei diesem Gericht werden die Kartoffeln in Scheiben geschnitten, der Speck fehlt. Ansonsten werden beide Gerichte auf die gleiche Weise zubereitet.

750 g gekochte Kartoffeln, 60 g Bratfett oder Öl,
125 g geräucherter durchwachsener Speck, 3 Zwiebeln
Pfannkuchenteig: 125 g Mehl, 4 Eier, Salz, ¼ l Milch,
geriebene Muskatnuß

Für die Pillekauken die Kartoffeln und den
Speck in Streifen schneiden, für die Leineweber
die Kartoffeln in Scheiben schneiden.
Zwiebeln würfeln oder in Ringe schneiden.
Für den Pfannkuchenteig das Mehl und die Eier
glatt rühren und mit der Milch verrühren. Mit Salz
und Muskatnuß abschmecken. ¼ der Kartoffel-
menge und des Specks in einer Pfanne anbraten,
salzen, ¼ des Teiges darübergießen, stocken lassen
und wenden. Alle 4 Pfannkuchen schön goldgelb
braten. Die Pillekauken bestreicht man mit
Rübenkraut; zu den Leinewebern ißt man Salat.

Sauerländer Potthucke

Dieses deftige Gericht ist ausschließlich im Sauer-
und Siegerland bekannt. Der Name bedeutet
Topfhocker, weil das Gericht leicht am Topfboden
anbackt.

*1 kg rohe Kartoffeln, 250 g gekochte Kartoffeln,
¼ l Sahne (oder saure Sahne), 4 Eier, Salz, Pfeffer
Zum Backen: 100 g durchwachsener geräucherter
Speck*

Die rohen Kartoffeln schälen, reiben und gut
ausdrücken. Die gekochten Kartoffeln zerdrücken,
mit dem rohen Teig und den übrigen Zutaten
vermengen und würzen. Man zerläßt zuerst die
Speckwürfel in einer Auflaufform und schichtet

den Teig darüber. Nun wird er bei 220 °C im Backofen etwa 45 Minuten gebacken.
Man ißt ihn heiß zu Salat und Butterbrot. Reste werden abends in Scheiben geschnitten und in der Pfanne von beiden Seiten gebraten. Der besseren Verträglichkeit wegen ist es angebracht, Münsterländer „Klaren" und Bier dazu zu trinken.

Ein Pickertrezept
von Rektor Fritz Horstbrink

(Herford 1940)

In Herwede und Builefeld
De Pickert os wat Leckeres gelt.
Ob aolt, ob jung – ob ruik, ob arm –
Et ett ühn joider ower warm;
Denn kaolt ligg hoi teo schwor int Luif,
Bekümmt hoi nich, es dann teo stuif.
Teo backen es dat koine Kunst –
Proboir et moal, kümmst eok in Gunst.
Wenn hoi seo wacker es geroan
Lött koiner ühn uppen Diske stoahn.
Fang ärst mol met Katuffel an –
Fuif Pund sind gneog vo drei, voir Mann.
De halst diu dui iut duinen Keller
Un schillst se fein uppen greoden Teller
Dann moßt se ruiben – nich teo groff,
Dat es eok wichtig vo den Stoff.

Dat Ruiwsel doist uppen Duierschlag,
Dann löppt dat Water ruiwe aff.
Niu Mell – drei, voir Liapel vull
Un Mielke eok, 'n derben Strull.
'N bietken Solt, kannst dui wall denken,
Doch Oigger darfst diu dui nich schenken.
Do nimm man druiste voir, fuif, sesse;
Denn ümmer seau 'n schönern Pickert hesse.
Dat Ganze darfst teo dünn nich maken,
Süß het dat Backen oinen Haken.
Et flütt dui weg, löppt iutenanner
Just osse moll bui Muinken Sanner.
De Pickertploaten uppen hoiten Herd
Ruiwst in met Speck – dat es wat wert,
Kannst eok 'ne Schworten do teo niehmen,
'N lütket Stück van'n fetten Riemen.
Doch Speck es moal nicht teo verachten,
Dat es de Segen van'n Schlachten.
Schmort de niu schön, es gial un briun,
Gifft gluicks no moiher dann teo deun.
'N Schloif vull Mengsel in de Ploaten –
Ek segg, diu kannst dui drup verloaten –
Struikst diu fein glatt, doch nich teo dick,
Dann backt da gluick in'n Eogenblick.
Up jaider Halwe mot hoi backen
Bluif dobui stohn, haol stuif den Nacken.
Es hoi dann ollerwiagens kroß,
So es hoi geot un dann man los,
Schmier Bottern drup un dann:
„Niu ett!"
We dat nich mag, ühn steohn lett.

Lippischer Pickert

Im Tecklenburger Land und im Lipper Land werden die Pickerts heiß umschwärmt. Hunger und Not der Leineweber in der Mitte des vorigen Jahrhunderts ließen das Gericht entstehen. Geboren aus der Idee, eine preiswerte und doch schmackhafte und kräftige Speise auf den Tisch zu bringen, ist der Pickert zum Nationalgericht der Lipper geworden. Buchweizenmehl, Kartoffeln, Milch und Eier waren die Hauptzutaten, die man allesamt ja auf dem eigenen Hof produzierte. Das Geheimnis eines guten Pickerts aber ist, die Zutaten richtig aufeinander abzustimmen. Gebacken werden diese „Kuchen" in Pickertpfannen, ganz früher sogar auf der heißen Platte des Kohleherdes. Sein Name hat auch da seinen Ursprung: der Teig pickte (klebte) schnell auf der Ofenplatte fest.

Ernst Friedrich Küstermann beschreibt in dem Buch „Geschichte von Augustdorf", Bd. I, 1. Teil, 1863, das Pickertbacken in alten Zeiten wie folgt:

„Meine Nachbarn und ihre Kinder haben Kartoffeln geschält und gerieben, also müssen wohl zu einem solchen Kuchen durchaus Kartoffeln nötig sein? Nicht so; man bäckt einmal den Pickert von purem Buchweizenmehle oder man bäckt ihn von Kartoffeln oder zum vierten, und so wird es gewöhnlich gemacht, wenn man anders wegen der Arbeit eben dazu kommen kann, von Kartoffeln und Buchweizenmehl. Von dem letzteren will ich sprechen und man kann daraus die Zubereitung der anderen Arten abnehmen. Man kann solchen Pickert, wie die andern alle auch, mit Gest (Hefe) oder ohne Gest backen. Meine Nachbarin will einen Gestpickert backen, denn der Sonntag muß etwas vorab haben. Einen solchen rührt man am Abend vorher ein. Man mengt geriebene Kartoffeln, Mehl, Gest, etwas Salz und Wasser (statt dessen auch wohl Milch) durcheinander, so daß es eine ziemliche schwanke (noch fließende) Masse bildet. Die Nacht über kommt das in die warme Stube zur Gärung (es geht auf, er wird „rasch"). In der Stubenwand, nach der Diele hin, steht ein alter Ofen, ein Altenbekener D oder E oder F, von außen zu heizen. Auf diesem Ofen wird der Pickert am nächsten Morgen gar gemacht. Zu dem Ende heizt man, am liebsten mit Reisigholz, recht tüchtig ein; das tun die Kinder, und tun es, ohne daß sie geweckt zu werden brauchen. Wenn das Wort Pickert genannt wird, dann arbeiten auch die faulen Kinder fleißig. Eins will noch lieber für passendes Holz sorgen als das andere. Der Ofen ist heiß, die Mutter wird geweckt und steht auf. Sie probiert den Ofen mit dem nassen Finger. Richtig, er ist gut, denn er zischt. Sie nimmt ein nasses Waschtuch und wischt das Oberblatt ab, damit das Schmier vom vorigen Backen her und der Staub aus der vergangenen Woche entfernt werden. Darauf reibt sie den Ofen mit einer Speckschwarte recht tüchtig ab, damit der Pickert

nicht anbrenne (das riecht ebenso schön als das
Opfer der Alten). Nun rührt die Mutter mit einem
Löffel ihre Pickertmasse, die die Nacht über in
einem Topfe oder Eimer gestanden hat, rasch
tüchtig durch und schüttet sie auf den Ofen.
Sie streicht die Masse auseinander, möglichst
gleichmäßig, etwa zolldick, doch wird der Pickert
schon von selbst am Rande etwas dünner, weil die
Masse etwas flüssig ist. Bald fängt der Pickert an,
einen etwas brennerigen Geruch zu verbreiten.
Dann ist es aber hoch Zeit, ihn zu wenden, weil er
an seiner unteren Seite eine hellbraune Rinde
bekommen hat. Die Ränder sind vielleicht etwas
angebrannt und müssen deshalb mit einem Messer
vom Ofen gelöst werden.
Das Wenden ist ein ziemliches Kunststück, denn
der Pickert ist oben auf noch ganz weich und seine
Länge hat etwa 1½ Fuß, während die Breite von
1–1½ Fuß beträgt. Zum Wenden gebraucht man
dünne Milchbretter, die man von vorne her
möglichst weit unterschiebt. Mittels dieser Bretter
wird der Pickert mit einem Schlage umgeworfen.
Wenn dieser Wurf nicht gelingt, so ist der Pickert
verpfuscht und liegt mehr oder weniger doppelt
oder gar in einem Puck; es wird nichts wackeres
daraus. Gewöhnlich ist in jedem Hause nur einer,
der dieses Kunststück versteht und auch für
gewöhnlich verrichten muß, es gibt sich nicht
leicht ein anderer dazu her. Aber auch der Beste
hat wohl mal einen verpudelt. So sagte ich z. B.
kürzlich zur Haushälterin des Vorstehers Böger, als

sie sich gerade zum Umwenden anschickte, ob sie
auch wohl einen Pickert in einen Klumpen werfen
könnte. Ihr stieg das Blut etwas in die Wangen,
und richtig warf sie den Kuchen in einen Puck.
Offenbar hatte ich die Schuld und bekam deshalb
auch sogleich meine Strafe; kein freundliches
Gesicht den Nachmittag wieder, und der Pickert
schmeckte auch nicht so gut als sonst!
Will man einen Pickert ohne Gest backen, so rührt
man Kartoffeln, Mehl, ein wenig Salz und Wasser
gehörig durcheinander, und dann kann das Backen
sogleich losgehen. Die ärmeren Leute brauchen
nur Kartoffeln und Salz zum Pickert, und bei
Wintertage, wenn ja eingeheizt werden muß,
essen die fast ebenso viel Pickert wie Brot. –
In 30 Minuten ungefähr ist er gar.

Ein gut geratener Gestpickert und darauf frische
Butter gestrichen, schmeckt zu gutem Kaffee
ganz vortrefflich, viel besser als sämtlicher Butter-
kuchen. Lächle nur, du städtischer Leckerzahn!
Du sollst unsern Pickert auch wohl mögen, wahr-
scheinlich auch mit alter Butter und ohne Zucker
und Kaffee!
Willst du die Hausmutter wissen, wo man die
meisten Pickert isset, nämlich alljährlich das Mehl
von 5–7 Scheffel Buchweizen dazu gebraucht,
so zähle zu der Summe unserer 109 Kolonate
noch 11, dividiere durch 2 und addiere alsdann 4.
Hier bäckt man die Pickert 2–2½ Zoll dick. –

Gar gebackener Pickert ist ein gar gesundes Essen, das bei uns sogar Saugkinder ohne Schaden genießen dürfen. Fast jeder isset ihn auch gern!"

Heute wird Pickert so zubereitet:

30 g Hefe, 3 Eßlöffel Milch, 1250 g rohe Kartoffeln, 3 Eier, Salz, ⅛ l saure Sahne oder Milch oder Wasser, 160 g Buchweizenmehl oder Weizenmehl, evtl. einige Speckscheiben

Die Hefe in der lauwarmen Milch anrühren und gehen lassen. Die Kartoffeln schälen, reiben und ausdrücken. Die Flüssigkeit wegschütten. Den Brei mit den Eiern, dem Salz, mit dem Mehl und der Sahne vermengen. Die Hefe einarbeiten und den Teig 90 Minuten gehen lassen. Eine Pickertpfanne fetten und erhitzen. Evtl. einige Speckscheiben ausbraten. Je so viel Teig einfüllen,

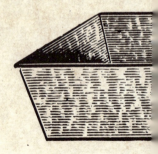

daß große Kuchen ausgebacken werden können.
Sofort essen. Manche mögen's mit Rübenkraut
bestrichen, manche essen Hering oder Leberwurst
dazu.

Kastenpickert

Er hat seinen Namen von der Kasten-Backform,
in der er im Backofen gart. Diese wird halb hoch
gefüllt. Nach dem Backen läßt man sie erkalten.
Den brotähnlichen Pickert schneidet man in dicke
Scheiben und brät diese in heißer Butter.
Den Fladenpickert dagegen findet man heute
auch vielfach in den Bäckereien. Man kauft die
gebackenen Fladen, backt sie zu Hause wieder
auf und ißt sie heiß wie oben beschrieben. Den
Hefeteig können Sie aber nach den Zutaten gut

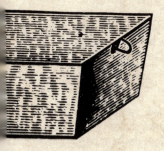

und schnell selbst zubereiten. In der Pfanne wird er portionsweise von beiden Seiten gebacken.

*500 g Mehl, ⅜ l Milch, 40 g Hefe, 50 g Rosinen,
2 Eßlöffel Zucker, 1–2 Eier, 1 Teelöffel Salz,
30 g Butter*

Einen weichen Hefeteig herstellen (s. S. 34) und aufgehen lassen. In eine gefettete Pfanne 1 cm hoch Teig einfüllen und von beiden Seiten braun backen.

Struwen

Sie sind das Karfreitagsgericht im Münsterland. Sie werden entweder mit Zimt und Zucker bestreut oder aber – im Lippstädter Raum – mit Pellkartoffeln in saurer Specksauce (s. S. 87) gegessen. Da man jedoch am Karfreitag kein Fleisch essen darf (katholischer Fast- und Abstinenztag), wird die Sauce durch ein Haarsieb getrieben und ohne die Speckwürfelchen serviert. Man trinkt zu diesem Gericht Milchkaffee, das ist starker Bohnenkaffee, der mit der gleichen Menge Milch „verlängert" wird.
Wer es ganz üppig mag, serviert Bier- oder Weinsuppe dazu.
Das Rezept ist das gleiche wie beim Pickert. Aber man backt den Teig zu kleinen dicken Plätzchen aus, die man aus der Hand essen kann.

Eigene Rezepte & Notizen

Desserts

Die Westfalen sind sicherlich auch Leckermäuler, die gern Süßes essen! Aber Alltag und Arbeit lassen nur selten Zeit, um einen Nachtisch zu zaubern. Bei Festen ist das jedoch eine „andere Sache": Da darf man zwischen zwei oder gar drei Desserts wählen. Immer aber – wenn man auf Tradition hält – ist der „dicke Reis" dabei.

Dicker Reis mit Pflaumen

Er ist ein beliebter Nachtisch an Sonn- und Feiertagen und wird – örtlich verschieden – mit Backobst, Zimt und Zucker, Schwarzbrot und Zucker oder mit Saft gegessen.

1 l Milch, 1 Tasse Wasser, 250 g Milchreis (Rundkornreis), 50 g Zucker, 1 Prise Salz, 250 g getrocknete Pflaumen, ½ l Wasser, 1 Stück Zimtstange, abgeschälte Schale von ½ Zitrone

Den Reis waschen, mit einer Tasse Wasser und der Prise Salz aufsetzen und aufkochen. Die Milch zugeben und den Reis darin bei geringer Hitze ausquellen lassen. Dann süßen und auskühlen lassen.
Die Backpflaumen einige Stunden im Wasser ausquellen lassen und dann mit einer Zimtstange und etwas Zitronenschale weich kochen. Jeder bedient sich nach Belieben davon zum Reis.

Grießpudding mit Rosinen

125 g Grieß, 1 l Milch, 1 Vanillestange, 1 Tasse Rosinen, 80 g Zucker, 1 Prise Salz, abgeriebene Schale von 1 Zitrone, 1 Ei

Von der Milch ¼ l abnehmen und die Rosinen darin weich kochen. Die übrige Milch zum Kochen bringen. Die Vanilleschote und die Zitronenschale darin auskochen, dann herausnehmen. In diese heiße Milch den Grieß unter Rühren einrieseln lassen. Mit Salz und Zucker würzen. Die Rosinenmilch zugeben und den Grieß ausquellen lassen. Das Eigelb, verrührt mit etwas Milch, einrühren. Das Eiweiß zu Schnee schlagen und zum Schluß unterheben. In eine kalt ausgespülte Glasschüssel füllen.
Dazu Fruchtsaucen oder Sirup jeder Art servieren.

Grießschnitten

160 g Grieß, 1 l Milch, 80 g Zucker, 1 Prise Salz, 2–3 Tropfen Zitronenöl, Paniermehl, Fett zum Braten

Die Milch zum Kochen bringen und den Grieß einrieseln lassen. Rühren, bis die Masse abbindet. Den Grieß zu einem steifen Brei ausquellen lassen. Eine Kastenform mit Butter ausstreichen. Den Brei einfüllen und kühl stellen. Stürzen, in Scheiben schneiden, durch Paniermehl drehen und in heißem Fett in der Pfanne von beiden Seiten braun braten. Warm mit roter Marmelade essen.

Rhabarberkompott

*1 kg Rhabarber, ¼ l Wasser, 125 g Zucker,
2–3 Scheiben Stuten (= Weißbrot aus Hefeteig)*

Rhabarber waschen, schälen und in Stücke schneiden. Mit wenig Wasser nicht ganz weich kochen. Von der Kochstelle nehmen, Zucker einstreuen und verrühren. Der Stuten wird in Stücke gebrochen und in das Kompott gegeben. Er macht das Kompott sämig und nimmt die Säure ein wenig weg.

Plundermilch

Die Milch muß frisch, nicht pasteurisiert sein. Sie wurde früher an warmen Tagen abends in eine flache Milchschale geschüttet, abgedeckt und am warmen Ort stehen gelassen. Am anderen Mittag aß man die säuerliche, leicht eingedickte Milch als Kaltschale oder als Dessert mit Zimt und Zucker. 1–1½ l Milch auf 4–6 Glasschälchen verteilen. Die Glasschälchen mit einem Tuch bedecken und bei Zimmertemperatur säuern lassen. Man kann den Vorgang des Sauerwerdens verkürzen, indem man einen kleinen Becher Joghurt vorher unter die Milch mischt. Kurz vor dem Verzehr streut man nach Geschmack Zimt und Zucker über diesen vorzüglichen und gesunden Nachtisch. Wichtig: Vor dem Verzehr nicht umrühren.

Stippmilch

500 g Quark, ⅜ l Milch, 2–3 Eßlöffel Zucker

Der Quark wird mit der Milch zu einer glatten Creme verrührt und gesüßt.
Man reicht die Stippmilch mit Zimt und Zucker.
Oder aber man legt frische Früchte wie Erdbeeren, Himbeeren, Johannisbeeren, Pfirsiche, Aprikosen, Kirschen, Brombeeren oder Waldbeeren in eine Schale und deckt die Früchte mit Stippmilch ab.

Westfälische Quarkspeise

Zunächst eine Stippmilch anrühren.

Außerdem: 125 g Pumpernickel, 4 Eßlöffel Rum, 125 g Schokolade, 1 kl. Glas Apfelmus oder Preiselbeeren

Der Pumpernickel wird zwischen den Händen zerrieben, mit etwas Zucker gemischt und mit Rum getränkt. Darüber reibt man Schokolade grob und mischt auch diese unter. Dann füllt man lagenweise in eine Glasschüssel: Quark, Pumpernickelgemisch und das Obst. Dazu reicht man eine Vanillesauce.
Man kann auch alle Zutaten einzeln reichen und jeder bedient sich nach Geschmack.

Westfälische Weihnachtsspeise

250 g geschälte Nüsse, ½ l Sahne, 2 Eßlöffel Zucker, 250 g Weihnachtsgebäck (Spekulatius u. ä.), etwas Likör „Kakao mit Nuß"

Die Nüsse werden in feine Scheibchen geschnitten. Die Sahne schlägt man mit dem Zucker sehr steif. Das Gebäck wird unter einem sauberen Küchentuch mit der Küchenrolle „zerrollt", d. h. zu Bröseln gerollt. Nüsse, Brösel und Likör werden vermischt. Nun füllt man die Bröselmischung und die Sahne schichtweise in Gläser und verziert mit

Sahnetupfern und ganzen Nüssen oder Spekulatius-
figuren. Die Gläser stellt man auf Dessertteller,
die man rundherum mit kleinen Tannenzapfen
dekoriert.

Schmalzäpfel

Schmalzäpfel sind eine winterliche Delikatesse,
die sowohl als Beilage zu Bratwurst, Braten, Wild
und Geflügel gereicht werden als auch, mit Zimt
und Zucker bestreut, einen kräftigen Nachtisch
abgeben.

8–10 feste Äpfel, Schmalz

In einem Fettopf zerläßt man so viel Schmalz, daß die Äpfel darin schwimmen können. Die Äpfel nicht schälen, sondern mit einer Gabel nur einige Male einstechen. In das heiße Fett geben und darin braten, bis die Haut platzt. Mit einer Schaumkelle herausnehmen, auf eine feuerfeste Platte setzen und in den heißen Backofen schieben. So lange nachbacken, bis die Äpfel gar sind.

Bratäpfel

Pro Person 1 saurer Apfel, am besten Boskop

Die Äpfel werden nicht geschält, sondern mit dem Apfelstecher nur in der Mitte ausgebohrt.
Sie werden gefüllt:
a) mit Marmelade oder
b) mit einer Mischung aus Zimt und Zucker, Rosinen und gehackten Mandeln.
Eine feuerfeste Form ausbuttern, die Äpfel hineinsetzen. Auf die Äpfel Butterflöckchen geben und in den heißen Ofen schieben (20 Minuten, 200 °C). Die Äpfel werden heiß serviert.
Dazu reicht man eine kalte Vanillesauce.

Eigene Rezepte & Notizen

Traditionelle Hochzeitsessen

Überall auf der Welt ranken sich besondere Bräuche um eine Hochzeit. So war in Westfalen der günstigste Zeitpunkt für das Heiraten „zwischen Säen und Mähen" angesiedelt. Da hatte man genug Zeit, ausgiebig zu feiern, denn eine westfälische Hochzeit dauerte bis zu 8 Tagen. Hochzeitstage waren aber nicht nur das Fest der Brautleute und ihres engsten Familienkreises, sondern auch das der Nachbarn, der großen Verwandtschaft und oft – bei Bauernhochzeiten – des ganzen Dorfes. Ein Hochzeitsbitter ging, festlich gekleidet, tagelang von Haus zu Haus und lud mit einem Spruch zum Fest ein. Daraufhin sorgten dann die Nachbarn einige Tage vor dem Fest für die Ausstattung der Räume! Das waren häufig Küchendiele und Tenne, auf denen viele Gäste Platz fanden.

Auch heute noch sieht man in vielen Ortschaften Leiterwagen fahren, vollbeladen mit frischen, jungen Birken oder Tannen. Sie im Wald zu schlagen, ist Sache der Männer. Die Frauen dagegen sitzen in großer Runde beisammen und drehen Hunderte von weißen Papierröschen. Diese werden an das Spalier der Bäume angebracht, die mittlerweile den Eingang zum Festraum zieren. Natürlich wird dabei an frischem Kuchen, an Schnittchen, „Korn" und Bier nicht gespart. Die Brauteltern bereiten, damals wie heute, die Bewirtung der Gäste von langer Hand vor. Sie schlachteten dazu eigens, je nach Anzahl der Geladenen, ein bis zwei Schweine und ein Rind.

Zum Kochen am Festtag bestellten sie eine „Kochfrau".

Die Speisenfolge war zwar streng geregelt, jedoch ist sie in den Landesstrichen unterschiedlich. Im westfälischen Teil des Ruhrgebietes und im südlichen Westfalen wurden außer einer kräftigen Rinder-Hühner-Brühe mit Einlagen als Zwischengericht gekochtes Hühnerfleischragout gereicht. Anschließend gab es einen saftigen Schinkenbraten und dazu Sauerkraut mit weißen Bohnen. Das Gericht rührt schon aus dem Mittelalter her, als man noch keine Kartoffeln kannte und das Kraut deshalb mit Bohnen anreicherte. Den Abschluß des Hochzeitsessens bildete hier der Nachtisch, der wenigstens aus drei verschiedenen Desserts bestehen mußte; immer mit dabei war der dicke Milchreis.

Im Münsterland hielt man es – wenigstens auf den Höfen mit ertragreichem Kleiboden – üppiger. Nach der Suppe wurde das in Scheiben geschnittene Suppenfleisch mit einer Zwiebel- oder Meerrettichsauce serviert und vom noch warmen Suppenteller gegessen. Beilagen dazu waren häufig nur Gewürzgürkchen. Heute – das Zwiebelfleisch ist immer noch sehr beliebt – reicht man dazu grüne Salate in Sahnesauce oder einen herzhaften Kartoffelsalat.
Der Hauptgang des Hochzeitsessens bestand früher aus zwei Braten – dem Rinderfilet und einem Schweinebraten (häufig auch gebratene

Schnitzel). Dazu reichte man große Gemüseplatten herum. Den Nachtisch bildeten auch hier verschiedene Desserts.
(Die Rezepte zu den besonderen Gerichten finden Sie auf den nachfolgenden Seiten.)
Nach dem Mittagessen besichtigte die Hochzeitsgesellschaft das Anwesen, die Frauen begutachteten besonders gern die gut gefüllten Truhen und Schränke der Braut.
Zum Kaffee wurden süßer Stuten, Korinthenbrot und Platenkuchen (= mit Pflaumen- oder Apfelmus belegter Kuchen vom Blech) aufgetragen.
Den Abend beschloß man mit Wurstbrötchen oder Töttchen. Auch am letzten Tag der Festwoche, nach dem Abschmücken, wurden diese beiden Gerichte noch bevorzugt.
Die Geschenke für das Brautpaar waren übrigens wertvoll und sinnträchtig. Während die Verwandtschaft Geld- oder Sachgeschenke machte, überreichten die Nachbarn Schinken, Brot und Salz – Gott erhalt's.

Zu Menü I:
Hühnerragout

1 gekochtes Huhn, 1 Dose Champignons, eventuell 500 g frischer, gekochter Spargel, 1 Röhrchen Kapern Sauce: 40 g Butter, 40 g Mehl, 1 Zwiebel, $3/8$ l Brühe, $1/8$ l Sahne, $1/8$ l Weißwein, Salz, Pfeffer, 1 Prise Zucker

Das Hühnerfleisch in Würfel, die Champignons in Scheiben, den Spargel in Stücke schneiden.
Die Zwiebel würfeln und in Butter leicht anrösten. Mit Mehl bestäuben, mit Brühe, Wein und Sahne auffüllen und gut durchkochen.
Abschmecken und die übrigen Zutaten untermengen. In Pastetchen oder in Suppentellern mit etwas Käsegebäck servieren.

Schinkenbraten

1 Schweineschinken mit Schwarte, 2 l Salzwasser, einige Nelken, 2 Eßlöffel Butter, 1 Zwiebel, Salz, Pfeffer, 1 Tasse Brühe, 1 Flasche Bier

Den Schinken 90 Minuten in Salzwasser vorkochen. Herausnehmen und die Schwarte kreuzweise einschneiden. In jede Vierteilung drückt man 1 Nelke. Die Butter in einem Bräter zerlassen. Den Schinken mit der Schwartenseite nach oben hineinlegen. Eine gewürfelte Zwiebel und Brühe zugeben. Die Schwarte salzen und pfeffern. Den Topf in den Ofen schieben und 45–60 Minuten braten. Dabei häufig mit Bier übergießen; dadurch bekommt die Schwarte Glanz und wird schön knusprig.

Sauerkraut mit weißen Bohnen

750 g Dickbein oder Bauchfleisch, 750 g Sauerkraut, 250 g weiße Bohnen (ersatzweise 1 Dose), 125 g geräucherter durchwachsener Speck, Salz, Pfeffer, 1 Lorbeerblatt, 10 Wacholderbeeren, ½ l Wasser oder Brühe

Die Bohnen werden über Nacht eingeweicht und am anderen Morgen mit dem Einweichwasser und dem Dickbein 60 Minuten lang vorgekocht. Danach füllt man das Sauerkraut dazu, würzt mit Salz und Pfeffer, dem Lorbeerblatt und den

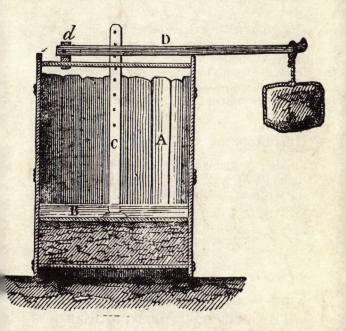

Beeren und läßt den „Topf" noch einmal
60 Minuten lang köcheln.
Ausgelassene Speckwürfel daruntergemischt,
vervollständigen den Geschmack. Das Dickbein
reicht man am anderen Tag mit Senf oder schneidet
es klein und mengt es dann unter.

Abwandlung: Wer weiße Bohnen aus der Dose bevorzugt, mischt sie erst zum Schluß mit unter, da sie ja vorgekocht sind.
Tip: Um aus den Resten noch einmal eine vollständige Mahlzeit zu zaubern, mischt man gekochte Kartoffelwürfel und das Dickbein darunter.

Herrencreme

Ein Vanillepudding wird nach dem Kochen mit Rum, geschlagener Sahne und Schokoladenstückchen angereichert und mit Sahnetupfen verziert.

Zu Menü II:

Rind- und Hühnerfleisch mit Zwiebel- oder Meerrettichsauce

Das Fleisch, aus dem die kräftige Brühe gekocht ist, wird als Zwischengericht serviert. Das Hühnerfleisch wird entbeint, das Rindfleisch in Scheiben geschnitten. Man ißt es nach der Suppe vom noch warmen Suppenteller. Das Fleisch wird großzügig mit Sauce übergossen. Und viele Tafelgenossen sind auch heute noch der Ansicht, es müsse so viel Zwiebelfleisch geben, daß man sich den Rest der Mahlzeit wohl schenken könnte.

Zwiebelsauce

500 g Zwiebeln, 40 g Butter oder Margarine, 40 g Mehl, ⅜ l Rindfleischbrühe, Salz, Pfeffer, Zucker, Essig

Die Zwiebeln abziehen und in feine Würfel schneiden. Das Fett auslassen, die Zwiebeln goldgelb rösten und mit Brühe ablöschen. 5 Minuten lang kochen. Die Sauce mit Mehl andicken und mit Salz, Pfeffer und Zucker würzen. So viel Essig dazugeben, daß daraus eine süß-säuerliche Sauce wird.

Meerrettichsauce

40 g Butter, 40 g Mehl, ⅜ l Brühe, ⅛ l Sahne, geriebener Meerrettich nach Geschmack, Salz, Pfeffer, 1 Prise Zucker

Das Mehl in der Butter hell anschwitzen. Mit Brühe ablöschen und gut durchkochen. Mit Meerrettich, Salz, Pfeffer und etwas Zucker kräftig scharf abschmecken.
Häufig ißt man zu diesem Zwischengericht nur ein Gewürzgürkchen; in anderen Familien ist es Brauch, Kartoffelsalat oder grüne Salate in Sahnesauce dazu zu reichen.

Weincreme

4 Eier (getrennt), 75 g Zucker, ⅜ l trockener Weißwein, Saft von 1 Zitrone, ¼ l Sahne, 1 Teelöffel gemahlene weiße Gelatine (oder 6 Blatt)

Das Eigelb mit dem Zucker schaumig schlagen. Den Wein und die Zitrone unter Rühren zugeben. Die Gelatine nach Vorschrift auflösen und unterrühren. Wenn die Masse steif zu werden beginnt, hebt man das zu Schnee geschlagene Eiweiß und die steifgeschlagene Sahne unter. Man verziert die Creme mit halbierten, entkernten Weintrauben.

Welfenspeise

Creme: ½ l Milch, 1 Vanilleschote, 60 g Zucker, 40 g Speisestärke, 3 Eiweiße
Sauce: 3 Eigelbe, 60 g Zucker, 10 g Speisestärke, Saft von ½ Zitrone, ¼ l Weißwein

Die Milch mit der Vanilleschote aufkochen. Zucker und Stärke in etwas kalter Milch anrühren und die heiße Milch damit zu einer Cremespeise andicken. Die Vanilleschote herausnehmen. Das Eiweiß steif schlagen und unter die heiße Creme heben. In eine große Glasschüssel füllen. Die Zutaten für die Sauce im Wasserbad cremig schlagen. Die Sauce auf die weiße Creme füllen.

Eigene Rezepte & Notizen

Inhaltsverzeichnis

Suppen- und Suppeneintöpfe

a) Suppen

Soppen	11
Taubensuppe	14
Pumpernickelsuppe	14
Milchsuppe	15
Dicke-Milch-Suppe	16
Milchkaltschale	16
Apfelsuppe	17
Biersuppe	18
Weinsuppe	19

b) Suppeneintöpfe

Hülsenfruchtsuppen	20
Erbsensuppe mit Schwemmklößchen	22
Möhrensuppe	23
Zwiebelsuppe	24
Kartoffelsuppe	24
Dicke-Bohnen-Suppe	25
Grünkohlsuppe	26
Gründonnerstagssuppe	27
Hafergrützsuppe mit Backpflaumen	28
Graupensuppe mit Bohnen und Speck	28

Fleischgerichte und Hausschlachtung

a) Fleischgerichte

Falsches Kotelett	32
Töttchen	33
Wurstbrötchen	34
Sauerländer Schlackwurst	35
Pfefferpotthast	36
Stallkanin	39
Sauerbraten	40
Westfälische saure Hammelkeule	41

b) Aus der Hausschlachtung

Halber Kopf, genannt „Backe"	46
Möpkenbrot	47
Panhas	48
Wurstebrei	50
Kohlwurst	51

Wild und Geflügel

a) Wildgerichte
Hasenpfeffer	54
Jagdschüssel	55
Fasan in Stachelbeersauce	57

b) Geflügel
Taubenragout	58
Gebratene Täubchen	58
Huhn in dicker, gelber Sauce	60

Heringsgerichte und Muscheln

a) Hering
Eingelegte Heringe	64
Eingelegte Brathering	65

b) Muscheln
Muscheln im Sud	66
Muschelragout	67

Gemüse und Gemüseeintöpfe

a) Gemüse

Johannislauch	70
Tomatengemüse	71
Gebackene Bohnen	71
Graue Erbsen mit Hering	72

b) Gemüseeintöpfe

Stielmuseintopf	73
Wuorttelpott	74
Dicke Bohnen mit Speck	75
Westfälisches Blindhuhn	76
Schinkenbegräbnis	77
Porreetopf	78
Lippische Ananas	78
Grünkohlessen	79
Blutgemüse	81
Spanisch Fricco	82

Salate

Westfälischer Kartoffelsalat	86
Feldsalat mit Specksauce	87
Bohnensalat	87

Pfannengerichte

Eierpfannkuchenrezepte	90
Buchweizenpfannkuchen	92
Brotpfannkuchen	93
Leineweber/Pillekauken	94
Sauerländer Potthucke	95
Pickertrezepte	96
Struwen	104

Desserts

Dicker Reis mit Pflaumen	108
Grießpudding mit Rosinen	109
Grießschnitten	109
Rhabarberkompott	110
Plundermilch	110
Stippmilch	111
Westfälische Quarkspeise	112
Westfälische Weihnachtsspeise	112
Schmalzäpfel	113
Bratäpfel	114

Traditionelle Hochzeitsrezepte

Zu Menü I:
Hühnerragout	120
Schinkenbraten	122
Sauerkraut mit weißen Bohnen	122
Herrencreme	124

Zu Menü II:
Rind- und Hühnerfleisch mit Zwiebel- oder Meerrettichsauce	124
Zwiebelsauce	125
Meerrettichsauce	125
Weincreme	126
Welfenspeise	126

In dieser Reihe sind erschienen:

Münsterländische Küchenschätze
Schwäbische Küchenschätze
Bayerische Küchenschätze
Norddeutsche Küchenschätze
Hessische Küchenschätze
Rheinische Küchenschätze
Fränkische Küchenschätze
Romantisches Kochbuch aus Rothenburg o. d. T.
Berliner Küchenschätze
Pfälzisch-Saarländische Küchenschätze
Wiener Küchenschätze
Tiroler Küchenschätze
Salzburger Küchenschätze
Schweizer Küchenschätze
Elsässer Küchenschätze
Das kleine Backbuch für Kuchen und Torten
Das kleine Schnapsbuch
Das kleine Rumtopfbuch
Das kleine vegetarische Kochbuch
Das kleine Camping-Kochbuch
Das kleine Buch der Küchenkräuter
Meine Küchenschätze (Leerkochbuch)
Das kleine Kochbuch für 1 Person
Wildfrüchte – selbst gesammelt und zubereitet
Das Schinderhannes-Kochbuch
oder: **Das kleine Kochbuch aus dem Hunsrück**
Das kleine Fischkochbuch
Das kleine Buch der Heilkräuter
Katerfrühstück
Schnelle Gedecke für 2
Die kleine Einmachküche
Das kleine jüdische Kochbuch
Westfälische Küchenschätze
Das kleine Buch der Wildgerichte
Meine Schätze aus der Vollwertküche

Fragen Sie Ihren Buchhändler oder schreiben Sie uns:
Wir schicken Ihnen gern unser Verlagsverzeichnis.

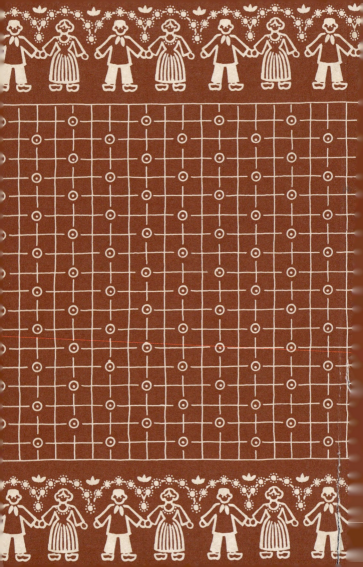